Lucien Rey

Procedimento Vetorial Autoregressivo Bayesiano para a previsão da economia suíça

Lucien Rey

Procedimento Vetorial Autoregressivo Bayesiano para a previsão da economia suíça

Metodologia BVAR para a previsão do crescimento real do PIB e da inflação na Suíça utilizando os preços dos activos

ScienciaScripts

Imprint

Any brand names and product names mentioned in this book are subject to trademark, brand or patent protection and are trademarks or registered trademarks of their respective holders. The use of brand names, product names, common names, trade names, product descriptions etc. even without a particular marking in this work is in no way to be construed to mean that such names may be regarded as unrestricted in respect of trademark and brand protection legislation and could thus be used by anyone.

Cover image: www.ingimage.com

This book is a translation from the original published under ISBN 978-3-659-83166-9.

Publisher:
Sciencia Scripts
is a trademark of
Dodo Books Indian Ocean Ltd. and OmniScriptum S.R.L publishing group

120 High Road, East Finchley, London, N2 9ED, United Kingdom
Str. Armeneasca 28/1, office 1, Chisinau MD-2012, Republic of Moldova, Europe
Printed at: see last page
ISBN: 978-620-8-29798-5

Índice:

Resumo

O presente documento adopta uma metodologia de previsão do crescimento real do PIB e da inflação na Suíça. Introduzido por Litterman (1986), este estudo constrói modelos de previsão para a economia suíça. Em primeiro lugar, são calculados modelos com desfasamento autodistribuído (ARDL), seguindo-se o enquadramento dos modelos Bayesianos. Os modelos vectoriais autoregressivos bayesianos (BVAR) baseiam-se fortemente no quadro VAR, mas permitem uma melhor exploração de toda a informação disponível. Utilizando os dados de 1980, foram calculadas previsões fora da amostra de 2000 a 2014. Sugerindo quatro categorias em que as variáveis são agrupadas, este estudo conclui que os modelos VAR bayesianos melhoram os erros de previsão, principalmente no que respeita à inflação. É efectuada uma extensão do modelo utilizando dados estrangeiros, acrescentando os cinco principais parceiros comerciais da Suíça como variáveis exógenas, o que reduz ainda mais os erros de previsão. Verifica-se que os preços dos activos contêm informações valiosas para a previsão do PIB real e, em especial, para a previsão do crescimento da inflação. No entanto, os modelos BVAR não podem substituir um método estrutural completo para a análise das políticas económicas. No entanto, estes modelos tendem a produzir bons resultados de previsão e, por conseguinte, devem ser utilizados como modelos complementares de previsão de referência para o Banco Nacional Suíço.

Palavras-chave: Preços dos activos; inflação do IPC suíço; PIB real suíço; vetor autoregressivo (VAR); vetor autoregressivo bayesiano (BVAR); Suíça.

Agradecimentos

Não teria realizado esta dissertação sem o apoio da minha família que sempre me apoiou sempre que precisei, em especial os meus pais com o seu incentivo.

Aproveito a oportunidade para expressar a minha gratidão aos meus colegas de curso e amigos próximos, que me ajudaram nas várias fases desta dissertação.

Embora possa haver muitos que não são reconhecidos nesta nota de gratidão, não há nenhum que não seja apreciado.

Lucien Rey, agosto de 2014

Capítulo 1

Introdução

- Niels Bohr (1973)

A previsão das variáveis macroeconómicas é importante para os decisores políticos e para os participantes no mercado. Por conseguinte, o desenvolvimento de um modelo de previsão específico é geralmente muito cuidadoso, uma vez que a previsão real é frequentemente subestimada, uma vez que as diferentes fontes de erros de previsão, as incertezas e os parâmetros do modelo, não são tidos em conta de forma adequada. Este documento analisa as previsões de variáveis macroeconómicas no caso da Suíça. Este país, situado no centro da Europa e com um PIB per capita entre os mais elevados do mundo, representa um exemplo perfeito para a aplicação de abordagens de previsão. Além disso, a economia suíça está fortemente ligada à dos seus vizinhos na Europa, que compram mais de metade de todas as exportações suíças. Por conseguinte, a estimativa e demonstração desta relação, em termos de previsão do crescimento real do PIB e da inflação da Suíça, seria uma abordagem interessante. Este estudo considera vários procedimentos para prever a economia suíça com os preços dos activos, centrando-se principalmente em duas variáveis macroeconómicas: a variação do produto interno bruto real (PIB real) e a inflação, em termos de variações percentuais do índice de preços no consumidor (IPC).

No final de 1999, o Banco Nacional Suíço (SNB) introduziu uma política de estabilidade dos preços e a política de objectivos monetários foi abandonada a favor de uma nova estratégia baseada na previsão da inflação (Assenmacher-Vesche e Pesaran, 2009). No âmbito da nova política monetária introduzida pelo Banco Nacional Suíço, a inflação desempenha um papel central. Além disso, seria desejável estudar não só a estimativa da inflação, mas também a variação do produto interno bruto real, uma vez que este quantifica o desempenho económico da economia nacional. O artigo de Stock e Watson (2003) representa o principal estudo que constitui a base desta dissertação. Para além disso, são também considerados os trabalhos da literatura suíça do Banco Nacional Suíço, tais como Lack (2006), Assenmacher-Vesche e Pesaran (2009), entre outros. Os estudos da Suíça e vários trabalhos empíricos sugerem que os preços dos activos podem, de facto, ser uma informação valiosa para futuras alterações no crescimento do PIB real e da inflação.

A fim de examinar e melhorar a qualidade das nossas previsões, as variáveis são calculadas através de várias modificações, discutidas principalmente no capítulo 4. Após a transformação das variáveis, os métodos e os resultados são comparados entre si. Consequentemente, o documento investiga o efeito de diferentes modelos no desempenho das previsões. O modelo autoregressivo simples (AR) serve de referência e os outros procedimentos são comparados com ele, utilizando o método do erro de previsão relativo ao quadrado médio.

Em primeiro lugar, é resumido o desempenho das previsões de variáveis individuais, utilizando um modelo autoregressivo com desfasamento distribuído. Variáveis como as taxas de juro overnight e as taxas Lombard parecem ter previsões para o crescimento real do PIB e da inflação. Utilizando uma combinação de factores de previsão, os erros de previsão são reduzidos, no entanto, para calcular uma previsão adequada, têm de ser incluídos conjuntos de variáveis. Uma vez que os modelos VAR sofrem de sobre-parametrização, é abordado um vetor autoregressivo bayesiano. O Capítulo 5 discute esta escolha e abrange quatro categorias possíveis em que as variáveis são agrupadas, incluindo um teste de causalidade de Granger e uma regressão stepwise. Os modelos vectoriais autoregressivos bayesianos são calculados com cada categoria relativa e mostram uma melhoria em relação ao valor de referência. Na previsão do PIB real, o grupo de variáveis dos preços dos activos, que contém todos os preditores relacionados com os preços dos activos, tem o melhor desempenho. No caso da inflação, a categoria do teste de causalidade de Granger, que contém apenas seis factores de previsão, apresenta o melhor desempenho. Esta seleção de grupos contém cinco variáveis de preços de activos, mas também o consumo total. Em segundo lugar, o presente documento efectua uma extensão do modelo utilizando dados estrangeiros relativos aos principais parceiros comerciais da Suíça como variáveis exógenas. Esta abordagem de previsão indica melhores resultados à medida que são acrescentadas informações adicionais. Para além disso, demonstra a forte influência dos países da Europa.

Os resultados do presente documento indicam que os preços dos activos influenciam as variáveis macroeconómicas, como o PIB real e a inflação. Os modelos BVAR com variáveis exógenas indicam que o conjunto de variáveis não relacionadas com os preços dos activos tem um desempenho menos rigoroso do que a categoria global de preços dos activos. No entanto, a produção de previsões exactas num horizonte superior a três anos continua a ser uma tarefa difícil. Voltando à citação introdutória do Prémio Nobel Niels Bohr, existem incertezas quanto à verdadeira estrutura da economia. Por conseguinte, os bancos centrais devem utilizar uma variedade de abordagens para a previsão da economia suíça, em vez de se basearem num único modelo.

O presente documento está organizado da seguinte forma. No Capítulo 2, é apresentada a revisão da literatura sobre a previsão dos preços dos activos num aspeto geral e os documentos de trabalho específicos para a Suíça. O Capítulo 3 explica a metodologia adoptada para variáveis individuais e grupos de variáveis, bem como diferentes métodos de avaliação. No Capítulo 4, discute-se a seleção do período e as transformações dos dados. O

Capítulo 5 apresenta os principais resultados do crescimento real do PIB e da inflação em duas secções. Em primeiro lugar, são analisados os resultados das previsões para as variáveis individuais e, em segundo lugar, o impacto do desempenho dos grupos de variáveis. O Capítulo 6 conclui e resume as principais conclusões desta dissertação, bem como as suas limitações, e apresenta sugestões para investigação futura.

Capítulo 2

> *"Se os factos não se enquadram na teoria, mudem os factos."*
>
> \- Albert Einstein

Esta secção analisa, em primeiro lugar, vários documentos que utilizam os preços dos activos como indicadores do crescimento do produto e da inflação e, em seguida, analisa os diferentes modelos de previsão e inquéritos que foram utilizados para o país da Suíça. Por último, são apresentadas algumas conclusões gerais desta literatura.

2.1 Previsão através dos preços dos activos

A influência dos preços dos activos nos indicadores macroeconómicos tem sido objeto de discussão. A crise do crédito hipotecário de alto risco, que ocorreu nos Estados Unidos em 2007, contribuiu para reavivar o debate sobre o papel dos instrumentos financeiros na estimativa das variáveis macroeconómicas. Espinoza *et al.* (2012) discutem duas explicações possíveis que poderiam explicar o papel do mercado financeiro. Em primeiro lugar, condições financeiras e de crédito mais restritivas limitam a expansão da atividade de uma empresa; além disso, esta restrição mais rigorosa impede as famílias de contrair empréstimos e, por conseguinte, de consumir bens e serviços em tempos difíceis. Em segundo lugar, os preços dos activos são determinados em mercados orientados para o futuro; os preços das acções captam a rendibilidade esperada da empresa. Esta segunda explicação representa um papel menos ativo, mas está ligada à expansão futura da economia. Embora vários autores tenham explicado que os instrumentos financeiros não prevêem de forma consistente a produção e a inflação ao longo do tempo, como Stock e Watson (2003), outros mostram que os preços dos activos, como a rendibilidade, têm um papel significativo na previsão do crescimento (Ang *et al.*, 2006).

2.1.1 Literatura geral

A relação entre as variáveis macroeconómicas e os preços dos activos, especialmente no que se refere à inflação e ao crescimento do produto, tem sido amplamente documentada, no que diz respeito à teoria económica e à literatura. No início dos anos 80, Sims (1980a) analisou as possíveis respostas dinâmicas entre produção, preços e taxas de juro nos Estados Unidos entre o período entre guerras e o pós-guerra e observou que as taxas de juro de curto prazo parecem estimar o modelo de forma mais adequada para a política monetária do que o crescimento do produto. O artigo de Chen (1991) também indica a relação entre as variáveis macroeconómicas e a rendibilidade das acções e explica que as variáveis de estado estão correlacionadas com o crescimento económico recente e futuro. Mais precisamente, o artigo demonstra como o excesso de rendibilidade do mercado está negativamente correlacionado com o crescimento recente da economia e positivamente relacionado com o crescimento económico esperado. A maioria dos trabalhos e estudos empíricos tem considerado, nas suas abordagens, as taxas de juro, as taxas de câmbio, os spreads a prazo, os spreads de incumprimento e os preços da habitação.

Stock e Watson (2003) apresentam um resumo da literatura que abrange uma grande quantidade de artigos e documentos de trabalho que avaliam a relação entre o PIB real e a inflação com os preços dos activos. O seu artigo centra-se em 43 factores de previsão de sete economias desenvolvidas (G7) durante o período de 1974-83 e 1984-99 e os autores efectuam medições dentro da amostra e previsões fora da amostra. A análise das suas conclusões salienta que os preços dos activos são úteis para prever o crescimento da produção e da inflação, embora a utilidade dos preços dos activos seja superior à do PIB real para prever a inflação. No entanto, os factores de previsão não são consistentes em alguns países e em diferentes períodos da subamostra. O documento conclui que estes resultados fracos e instáveis podem ser a consequência da utilização de um modelo não linear com factores de previsão individuais. Stock e Watson (2003) também demonstram que os testes de causalidade de Granger na amostra fornecem uma má explicação para o desempenho das previsões, mas também que as previsões de combinação simples, como os métodos das médias aparadas e da mediana, fornecem uma precisão superior às previsões baseadas em factores de previsão individuais. Com base nestes dois argumentos, sugere-se, em primeiro lugar, que o teste de causalidade de Granger in-sample teria menos interesse para a previsão da economia suíça e, em segundo lugar, o seu documento propõe que os métodos de previsão combinados seriam mais adequados para o cálculo.

No seu artigo subsequente, Stock e Watson (2004) reavaliam o desempenho empírico do seu trabalho anterior de 2003, calculando várias previsões combinadas. O seu trabalho conclui que as previsões combinadas parecem ser seguramente superiores ao modelo de referência AR e têm um bom desempenho quando comparadas com as previsões do modelo de factores dinâmicos. Uma segunda conclusão notável é que, em geral, as previsões combinadas superiores têm menos dados adaptáveis nos seus esquemas de ponderação; além disso, uma previsão combinada sofisticada, que tem grandes alterações de peso em relação ao desempenho recente, seria um modelo mais fraco.

2.1.2 Literatura suíça

Nos Estados Unidos e na Europa, foi realizado um grande número de investigações não só sobre a previsão de variáveis macroeconómicas, mas também sobre o desempenho de diferentes modelos através de previsões fora da amostra. A literatura que incide sobre a economia suíça é relativamente pequena, no que diz respeito a estudos bibliográficos; no entanto, o Banco Nacional Suíço tem vindo a publicar vários documentos de trabalho desde 2004, que constituem a base do presente documento, juntamente com a investigação de Stock e Watson (2003).

Lack (2006) introduz modelos vectoriais autoregressivos (VAR) para prever a inflação suíça, incluindo o procedimento de previsões combinadas. O seu trabalho revela que os modelos com níveis de variáveis são superiores aos modelos especificados com diferenças de variáveis, mas também que os modelos de previsão combinada melhoram a qualidade das previsões. No entanto, o seu estudo apenas simula previsões de 1987 a 2005, período em que a economia registou um nível relativamente estável. Por conseguinte, para identificar plenamente uma melhoria nos modelos vectoriais autoregressivos, seria mais adequado um período que incluísse uma crise (por exemplo, a crise de 2007-2009). O seu artigo discute também o problema da sobre-parametrização nos modelos VAR e, por conseguinte, sugere uma estimação Bayesiana, incluindo a priori de *Litterman*.

No Boletim Trimestral do Banco Nacional Suíço, Jordan e Savioz (2003) efectuam uma análise empírica das previsões de inflação na Suíça. O seu artigo sugere que os modelos VAR podem não utilizar parte da informação relevante contida nos dados macroeconómicos, porque estes modelos podem frequentemente ser estimados com apenas quatro a cinco variáveis. Uma forma possível de ultrapassar este problema é calcular uma série de pequenos VAR e depois combinar as suas previsões. Os resultados do seu estudo demonstram que, em média, as previsões de inflação combinadas superam as previsões dos VAR tradicionais. No entanto, o seu estudo utiliza apenas um pequeno número de variáveis e não examina exaustivamente se os resultados se mantêm semelhantes, com diferentes propriedades de séries cronológicas.

Nos Estudos Económicos do Banco Nacional Suíço, Assenmacher-Vesche e Pesaran (2009) aplicam um modelo que foi introduzido pela primeira vez por Garratt *et al.* (2003) para estimar um modelo VAR estrutural cointegrado relacionado com variáveis macroeconómicas da economia suíça. O seu trabalho considera uma abordagem VAR estrutural cointegrada a ser transformada através da utilização de variáveis-chave estrangeiras. A razão para esta abordagem é o facto de a inflação na Suíça, sendo uma pequena economia aberta, ser largamente influenciada por alterações no resto do mundo. Por conseguinte, é desejável um modelo de previsão com influências estrangeiras nas variáveis nacionais.

O seu trabalho de investigação inclui um modelo, designado por Swiss VECX*, em que X^* representa os valores actuais e desfasados de um certo número de variáveis estrangeiras fundamentais. Assenmacher-Vesche e Pesaran (2009) efectuam, em primeiro lugar, testes de diagnóstico, utilizando a abordagem de desfasamento distribuído autoregressivo (ARDL), que fornece dados sobre a determinação do número de relações de cointegração no modelo VECX*. Em segundo lugar, o documento considera uma análise in-sample, utilizando funções de resposta a impulsos. O modelo estimado parece ter propriedades de longo prazo razoáveis, no entanto, uma melhor forma de avaliar o modelo suíço VECX* seria utilizá-lo na previsão, o que é abordado no seu segundo artigo (Assenmacher-Vesche e Pesaran, 2008). O documento considera o problema da previsão da produção, da inflação e das taxas de juro de curto prazo e estuda várias formas de lidar com as incertezas na previsão da economia suíça, incluindo diferentes modelos e períodos de estimação. Concluem que o cálculo da média das previsões, que proporciona uma proteção contra resultados fracos das previsões, tende a ter um desempenho superior. No entanto, o seu estudo utiliza o VECX* suíço, que contém nove variáveis (seis endógenas e três exógenas) e muitos coeficientes podem ser estimados de forma imprecisa. Por conseguinte, um modelo como os priors bayesianos seria mais adequado.

Os modelos vectoriais autoregressivos (VAR) são modelos flexíveis de séries temporais que podem ter em conta inter-relações dinâmicas complexas entre variáveis macroeconómicas, mas ao mesmo tempo são *ateóricos* na sua estrutura. Como afirma Sims (1980b), os modelos VAR permitem que os dados falem por si próprios sem introduzir *restrições de identificação incríveis*, mas também o facto de serem ricos em parâmetros conduz a uma inferência instável. Consequentemente, esta última é geralmente efectuada através da identificação de variáveis no modelo como exógenas ou endógenas ou através da imposição de restrições de exclusão na estrutura de desfasamento. Por exemplo, a maioria dos trabalhos empíricos conduz normalmente modelos VAR com um intervalo de três a cerca de 10 variáveis, o que cria um enviesamento de variáveis omitidas, ver, por exemplo, Banbura *et al.* (2010). De acordo com Sims (1980b), cada variável deve ser considerada endógena. Este problema conduz a previsões imprecisas fora da amostra, em particular para modelos com um grande número de variáveis, uma vez que mesmo em modelos VAR de pequena dimensão o número de parâmetros a estimar é normalmente muito elevado.

Para melhorar o desempenho das previsões e atenuar o problema da sobreparametrização, mantendo a simplicidade da análise dos VAR, Litterman (1986) e Doan *et al.* (1984) propõem um modelo melhorado para a precisão das estimativas. Ao imporem restrições lineares aos parâmetros, com base na hipótese prévia de que a maioria das séries económicas segue um passeio aleatório, introduzem a abordagem dos modelos vectoriais autoregressivos bayesianos (BVAR). Além disso, Natal (2003) adopta uma metodologia que utiliza modelos BVAR para construir um modelo de previsão a curto prazo do PIB real suíço. O seu trabalho inclui também índices de variáveis estrangeiras, que englobam o PIB real dos principais parceiros comerciais da Suíça (Alemanha, França, Itália, Reino Unido, EUA e Japão). A estratégia de modelização BVAR que é calculada no seu documento produz previsões de curto prazo razoavelmente exactas. Nos Estados Unidos e na Europa, foi realizado um grande número de estudos que utilizam modelos BVAR e que provam ser mais exactos para modelos de previsão fora da amostra, ver, por exemplo, Ciccarelli e Rebucci (2003), Giannone *et al.* (2012), Koop (2013), Banbura *et al.* (2010). Na sequência da discussão de diferentes trabalhos, este estudo centra-se, principalmente, no potencial de previsão dos preços dos activos para prever o crescimento real do PIB e da inflação no caso da Suíça, considerando os modelos ARDL e BVAR.

Capítulo 3

"O produto de um cálculo aritmético é a resposta a uma equação; não é a solução de um problema."

- G, O. Ashley

Neste capítulo, são examinados os métodos econométricos para medir as variáveis preditivas e a sua estrutura é a seguinte: a secção 3.1 descreve a metodologia das variáveis individuais, que inclui modelos individuais autoregressivos com desfasamento distribuído (ARDL); a segunda parte do capítulo da metodologia, na secção 3.2, inclui diferentes modelos de variáveis combinadas, tais como modelos vectoriais autoregressivos (VAR), modelos vectoriais autoregressivos bayesianos (BVAR) e várias combinações de previsões. Para concluir este capítulo, na secção 3.3, é analisada a metodologia para avaliar o desempenho de previsão de cada uma das previsões candidatas.

3.1 Avaliação do impacto das variáveis individuais

3.1.1 Modelos Autoregressivos com Desfasamento Distribuído (ARDLs)

A estimativa de um modelo económico para avaliação do conteúdo preditivo pode ser expressa matematicamente, utilizando a metodologia empregada por Stock e Watson (2003). Um processo simples para analisar o conteúdo preditivo é o modelo de regressão linear, em que o valor futuro da série Yt pode ser relacionado a uma constante ($\$0$) e à média ponderada de um dado defasado mais um termo que contém outras previsões do valor atual (Xt). O modelo econométrico pode ser escrito como:

$$Yt+1 = \$0^+ \ \$1 \ Yt + \$2 \ Xt^+ \ \text{ut+1}$$

(3_1)

Suponhamos que queremos examinar se uma variável candidata, X, é uma variável preditiva para a previsão de uma variável de interesse, Y. Por exemplo, vamos supor que X_t poderia ser o valor das taxas de juro de curto prazo do Estado no trimestre t, e Y_t+1 poderia ser a variação da taxa de crescimento do PIB real.[1] A equação 3.1 representa um modelo de regressão linear simples, em que se assume que u_t é uma perturbação de ruído branco, o termo de erro. Se $\beta_2 \neq 0$, , então o valor atual de Xt, que no nosso exemplo são as taxas governamentais de curto prazo, pode ser utilizado para prever o PIB real (Y_t+1). Além disso, testamos a hipótese nula de que Xt não tem qualquer influência em Y_t+1, calculando um teste da estatística t em @1. Esta equação é também convencionalmente expressa utilizando polinómios de desfasamento, de modo que $\beta_1(L)Y_t = \beta_{11}Y_t + \beta_{12}Y_{t-1} + \beta_{13}Y_{t-2} + ... + \beta_{1p}Y_{t-p+1}$. Portanto,

A equação 3.1 pode ser alargada no contexto de um modelo autoregressivo com desfasamento distribuído, designado por ARDL, que pode ser expresso da seguinte forma

$$Y_{t+1} = \beta_0 + \beta_1(L)Y_t + \beta_2(L)X_t + u_{t+1} \tag{3.2}$$

Consequentemente, testamos agora a hipótese de que @2(L) = 0. Testamos se cada um dos coeficientes do polinómio de desfasamento é igual a zero, utilizando a estatística F, que é normalmente conhecida como a estatística de teste de causalidade de Granger (Stock e Watson, 2003). A equação acima, que se aplica à previsão com um período de antecedência apenas, pode ser transformada para estimar previsões *com h passos de* antecedência.

$$Y_{t+h}^h = \beta_0 + \beta_1(L)Y_t + \beta_2(L)X_t + u_{t+h}^h \tag{3.3}$$

No presente documento, são gerados 38 modelos ARDL para as 38 variáveis explicativas na estimativa das nossas variáveis macroeconómicas (PIB real e inflação). Todas as variáveis e as suas fontes estão incluídas no Apêndice A e são analisadas em pormenor no capítulo seguinte. Os modelos calculados são utilizados para gerar previsões com um a 12 passos de antecedência e são comparados com um modelo de referência, que assumirá a forma de um modelo de referência de navegação, seguindo um modelo autoregressivo (AR) puro. O modelo AR simples é calculado utilizando os valores desfasados da variável dependente, neste caso o crescimento real do PIB e da inflação. Esta forma do método de referência é semelhante à da equação 3.3, em que @2 é igual a zero. O número adequado de desfasamentos incluídos é determinado pelo critério de informação de Schwarz[1] (SIC) e o critério de informação de Akaike (AIC). Ambos os métodos de critérios revelam desfasamentos de um e três para o crescimento do PIB real e da inflação, respetivamente.

3.2 Avaliação do impacto dos grupos de variáveis

3.2.1 Modelos Autoregressivos Vectoriais (VAR)

A metodologia das previsões pode ser estimada utilizando modelos vectoriais autoregressivos (VARs). Os VAR foram introduzidos na econometria por Sims (1980b) como uma generalização natural dos modelos AR univariados (Brooks, 2014). A ideia principal subjacente à estimação com VAR é, em primeiro lugar, resumir os padrões de

---

[1] O artigo de Stock e Watson (2003) propõe também a previsão da atividade económica real e da inflação utilizando os preços dos activos, à semelhança do presente estudo.

correlação dinâmica entre as variáveis de dados observados e, em segundo lugar, utilizar este resumo para prever o valor futuro de cada série (Robertson e Tallman, 1999). Além disso, seguindo Sims (1980b), a equação 3.4 demonstra um modelo VAR sem restrições, em que Yt é um vetor $n \times 1$ de factores de previsão.

$$Y_t = A_0 + A(L)Y_t + \varepsilon_t \tag{3.4}$$

Ao contrário dos modelos ARDL, os VAR contêm implicitamente todas as inter-relações possíveis entre a variável de interesse. Na equação 3.4, $A0$ é o vetor $n \times 1$ de termos constantes e $A(L)$ é a matriz $n \times n$ de parâmetros de Yt desfasado. Seguindo Sims (1980b), o termo de erro et é um vetor $n \times 1$ e assume-se que é normalmente distribuído com uma variância constante e uma média de zero. Para conservar os graus de liberdade, Bernanke *et al.* (2005) definem que um VAR padrão raramente emprega mais de seis a oito variáveis. Esta imposição na estrutura das variáveis conduziria a estimativas não eficientes dos parâmetros. Mesmo com um bom ajuste na *amostra*, um modelo deste tipo teria um desempenho muito fraco nas previsões *fora da amostra*.

Neste trabalho, considera-se a inclusão de variáveis exógenas em modelos vectoriais autoregressivos. Por exemplo, os modelos VAR podem ser calculados utilizando os principais parceiros comerciais da Suíça como variáveis exógenas. A equação 3.5 inclui um novo componente, onde $B(L)$ é uma matriz $n \times n$ de coeficientes a serem estimados e X_t é um vetor $n \times 1$ de preditores exógenos.

$$Y_t = A_0 + A(L)Y_t + B(L)X_t + \varepsilon_t \tag{3.5}$$

3.2.2 Modelos Autoregressivos Vectoriais Bayesianos (BVARs)

Os modelos vectoriais autoregressivos são um ponto de partida útil para a estimação econométrica; no entanto, na formulação original de Sims (1980b), os econometristas devem basear-se principalmente nos dados para determinar a interação entre as variáveis económicas de interesse, a fim de evitar a imposição de *restrições incríveis* (Ciccarelli e Rebucci, 2003). Uma vez que os VAR exigem frequentemente a estimação de um grande número de parâmetros, o modelo pode resultar em sobreajustamento ou num problema de sobreparametrização. Mais precisamente, quando os *fis* da equação 3.3 são moderadamente grandes, os valores dos coeficientes não são frequentemente muito apropriados num conjunto finito de dados.

Um método para resolver este problema é a abordagem de *retração*, em que são impostas restrições aos parâmetros para reduzir a sua estrutura (Karlsson, 2012). Um método para impor restrições aos parâmetros e conseguir a contração é o popular método Bayesiano VAR (BVAR). Litterman (1986) refere este problema e sugere um método Bayesiano alternativo para tratar os coeficientes como quantidades aleatórias com distribuições rigorosas em torno de médias anteriores (Robertson e Tallman, 1999). Este trabalho inicial sobre as priorizações bayesianas dos VAR foi frequentemente designado por "priorização de Litterman" ou "priorização de Minnesota".

Estas prévias baseiam-se no pressuposto de que a matriz de covariância (Σ_t) é conhecida e, por conseguinte, simplifica a obtenção da prévia e o cálculo da posterior.

Por conseguinte, a melhor forma de ilustrar a estrutura de Litterman para um sistema VAR é escrever a seguinte *i-ésima* equação,

$$
\begin{aligned}
Y_{i,t} = c_i + \varphi_{i1}^{(1)}Y_{1,t-1} + \cdots + \varphi_{in}^{(1)}Y_{1=n,t-1} + \varphi_{i1}^{(2)}Y_{1,t-2} + \cdots + \varphi_{in}^{(2)}Y_{1=n,t-2} \\
+ \varphi_{i1}^{(p)}Y_{1,t-p} + \cdots + \varphi_{in}^{(p)}Y_{n,t-p} + \varepsilon_{it}
\end{aligned}
\tag{3.6}
$$

em que, $\varphi_{ij}^{(1)}$ é considerado por Litterman como sendo $\varphi_{ij}^{(1)} \sim N(1, \gamma^2)$ e γ é assumido como sendo o a rigidez global da priori (Hsu *et al.*, 2003). O procedimento de Litterman também inclui uma especificação e distribuição dinâmicas na priori, que podem ser resumidas pelo *hiper-parâmetro* $\varphi_{ij}^{(s)}$:

$$\varphi_{ij}^{(s)} \sim N\left(\varphi_{ij}^{(s)}, \left\{ \frac{w \times \gamma \times \hat{\tau}_i}{s^d \times \hat{\tau}_j} \right\} \right) \tag{3.7}$$

onde, w é o fator de ponderação relativo das variáveis cruzadas que tem um valor inferior a 1. Destina-se a implementar a crença prévia de que o valor desfasado da própria variável é mais importante do que o valor desfasado de outras variáveis para prever os valores futuros de uma série temporal. O rácio de $\frac{\hat{\tau}_i}{\hat{\tau}_j}$ é uma correção para a escala da série i em comparação com a série j. Como a priori é totalmente descrita pelo hiper-parâmetro, o modelo só precisa de fornecer valores de três parâmetros para especificar a sua distribuição: o coeficiente global de rigidez (y); o peso relativo das variáveis cruzadas (w); o número ótimo de desfasamentos no parâmetro de decaimento ótimo (d), que garante que a priori se torna mais rígida à medida que o número de desfasamentos aumenta. No presente documento, são considerados diferentes conjuntos alternativos de hiper-parâmetros, dada a falta de informação a priori sobre as três variáveis. Por conseguinte, é selecionada a especificação prévia que minimiza o erro médio quadrático relativo das previsões (MSFE). Este procedimento de otimização é calculado numa série de valores para y, w e para o número de desfasamentos, d, entre 1980T3 e 1999T4, sendo apresentadas as melhores combinações para obter o MSFE relativo mais baixo.

3.2.3 Método das previsões combinadas

Neste documento, é também analisada a possibilidade de a combinação de previsões poder melhorar o seu desempenho. Os trabalhos empíricos econométricos sugerem que a combinação de previsões utiliza mais informação e, por conseguinte, deverá ter resultados mais adequados. Existem vários métodos para combinar previsões. Neste documento, é incluído o método simples, que foi discutido por Stock e Watson (2004). O objetivo da combinação de previsões consiste em encontrar o peso ótimo $(rni_{,t})$ para cada modelo i. Suponha-se que a previsão do modelo i para alterações em Y no período fora da amostra $t+1$ é denotada $Yit+1$, pelo que a fórmula da combinação de previsões é a seguinte

$$f_{c,t+1} = \sum_{t=1}^{N} \omega_{i,t} \times \hat{Y}_{i,t+1} \tag{3.8}$$

Aqui $f_{c,t}+1$ refere-se à previsão combinada, que é um método de seleção dos pesos. O modelo de combinação de métodos baseia-se em (Stock e Watson, 2004), em que os pesos combinados dependem do desempenho histórico da previsão individual durante o período fora da amostra. Ou seja, os pesos baseiam-se no desempenho anterior, sendo atribuído um maior peso ao modelo que apresenta um desempenho mais exato:

$$\omega_{i,t} = \frac{(\phi_{i,t})^{-1}}{\sum_{j=1}^{N} (\phi_{i,t})^{-1}} \tag{3.9}$$

$$\phi_{i,t} = \sum_{s=T_0}^{t-h} \delta^{t-h-s} (Y_{s+h}^{h} - \hat{Y}_{i,s+h|t}^{h})^2 \tag{3.10}$$

A equação 3.9 representa o erro médio quadrático atualizado da previsão combinada como uma média ponderada das previsões individuais, em que os pesos dependem do desempenho histórico. A combinação MSFE descontada, denotada como $\phi_{i,t}$ inclui o fator de desconto de 3, que pode ser calculado com diferentes valores (1,0, 0,95, 0,9). Ibisevic (2011) demonstrou que seria mais preferível definir o fator de desconto próximo de zero para uma previsão de período estático do que para uma dinâmica, sendo recomendada a aplicação de um fator de 1,00, uma vez que maximiza a estabilidade da previsão.

A combinação de previsões calculada com base na Equação 3.10 atribui maior peso à previsão individual que tem o menor erro quadrático médio de previsão em períodos anteriores.

3.3 Métodos de avaliação pseudo-fora da amostra

Uma forma comum de avaliar o desempenho de previsões pseudo-fora-da-amostra consiste em calcular o erro quadrático médio de previsão (MSFE) de uma previsão candidata (modelo i) em relação a uma referência (modelo 0). Stock e Watson (2003) assumem $\hat{Y}_{0,t+h|t}^{h}$ como a referência das previsões fora da amostra (modelo autoregressivo simples) e $\hat{Y}_{i,t+h|t}^{h}$, o i^{th} o modelo candidato previsões como VAR, ou BVAR, por exemplo. O erro médio quadrático *das* previsões *com um avanço de h passos* é calculado através de uma comparação com os dados reais ao longo do tempo t, e denotado como Y_{t+h}^{h} e onde T1 e T2 são a primeira e a última datas do período de previsão pseudo fora da amostra.

$$Relative\ MSFE = \frac{\dfrac{1}{T_2 - T_1 - h + 1} \displaystyle\sum_{t=T_1}^{T_2-h} (Y_{t+h}^{h} - \hat{Y}_{i,t+h|t}^{h})^2}{\dfrac{1}{T_2 - T_1 - h + 1} \displaystyle\sum_{t=T_1}^{T_2-h} (Y_{t+h}^{h} - \hat{Y}_{0,t+h|t}^{h})^2} \tag{3.11}$$

Por conseguinte, pode observar-se que, se o seu MSFE relativo for inferior a um, se conclui que o modelo de previsão i teve um melhor desempenho do que o modelo de referência. Este método é também vulgarmente conhecido como o índice *U de Theil do coeficiente* de desigualdade. Foi proposto pelo econometrista Henri Theil em 1961 e mede o grau em que uma série cronológica difere de outra (Theil, 1961). Para este estudo, a abordagem MSFE relativa é considerada como o método principal. No entanto, para estimar integralmente as previsões robustas, são calculados dois métodos de avaliação adicionais. Em primeiro lugar, o erro de previsão absoluto médio relativo, designado por MAFE. Este método é útil quando a magnitude das previsões é significativa, uma vez que a abordagem do erro absoluto médio é menos influenciada por valores anómalos (Hanke *et al.*, 2001). A equação 3.12 mede a exatidão calculando a média das magnitudes dos erros de previsão em termos absolutos.

$$Relative\ MAFE = \frac{\frac{1}{T_2 - T_1 - h + 1} \sum\limits_{t=T_1}^{T_2 - h} \left| Y_{t+h}^h - \hat{Y}_{i,t+h|t}^h \right|}{\frac{1}{T_2 - T_1 - h + 1} \sum\limits_{t=T_1}^{T_2 - h} \left| Y_{t+h}^h - \hat{Y}_{0,t+h|t}^h \right|} \tag{3.12}$$

Um segundo método é a raiz do erro de previsão quadrático médio (RMSFE), que mede a dispersão da distribuição dos erros de previsão. Esta medida é uma abordagem mais frequente selecionada pelos profissionais para avaliar os erros de previsão e está representada no ponto 3.13.

$$Relative\ RMSFE = \frac{\frac{1}{T_2 - T_1 - h + 1} \sqrt{\sum\limits_{t=T_1}^{T_2 - h} (Y_{t+h}^h - \hat{Y}_{i,t+h|t}^h)^2}}{\frac{1}{T_2 - T_1 - h + 1} \sqrt{\sum\limits_{t=T_1}^{T_2 - h} (Y_{t+h}^h - \hat{Y}_{0,t+h|t}^h)^2}} \tag{3.13}$$

É também calculado o rácio de sucesso (SR), que mede a proporção de vezes em que os dados reais e a previsão no momento t são semelhantes. A variável Y representa uma variável fictícia que assume o valor um quando o valor da previsão e os dados efectivos têm o mesmo sinal, caso contrário, assume o valor zero.

$$Success\ Ratio = \frac{1}{T_2 - T_1 - h + 1} \sum\limits_{t=T_1}^{T_2 - h} \gamma \left\{ Y_{t+h}^h, \hat{Y}_{i,t+h|t}^h > 0 \right\} \tag{3.14}$$

No entanto, podem surgir dificuldades ao utilizar estas medidas de classificação simples, uma vez que um modelo melhor pode simplesmente ter uma variação diferente. Por conseguinte, para determinar se alguma das medidas acima referidas é estatisticamente significativa entre si, o método de Diebold e Mariano (1995) seria mais adequado. Para derivar as estatísticas de teste de Diebold e Mariano, a exatidão de cada previsão tem de ser medida em primeiro lugar através de uma função de perda específica, em particular o diferencial de perda em que os $e_{t,t+h}^j$ são os erros de previsão:

$$df_{i,\ t+h}^{\mathcal{M}_1,\ \mathcal{M}_2} = L\left(e_{t,\ t+h}^{j,\ \mathcal{M}_1} \right) - L\left(e_{t,\ t+h}^{j,\ \mathcal{M}_2} \right) \tag{3.15}$$

A hipótese nula pressupõe que a expetativa do diferencial de perdas é igual a zero; $H_0 : E\left\{ df_{i,\ t+h}^{\mathcal{M}_1,\ \mathcal{M}_2} \right\} = 0$ e, por conseguinte, o teste de Diebold e Mariano pode ser colocada da seguinte forma:

$$DM_{i,\ t+h}^{\mathcal{M}_1,\ \mathcal{M}_2} = \frac{\frac{1}{T-h} \sum\limits_{t=1}^{T} df_{i,\ t+h}^{\mathcal{M}_1,\ \mathcal{M}_2}}{\hat{\sigma}(df_{i,\ t+h}^{\mathcal{M}_1,\ \mathcal{M}_2})} \overset{a}{\sim} N(0,1) \tag{3.16}$$

Além disso, Diebold e Mariano (1995) discutem que, sob a hipótese nula de igual precisão preditiva, o teste DM pode ser aproximado assintoticamente com uma distribuição normal padrão. Por conseguinte, a rejeição da hipótese nula é executada quando $DM_{i,\ t+h}^{\mathcal{M}_1,\ \mathcal{M}_2}$ é superior a 1,96 ao nível de 5%.

Capítulo 4

Dados

"As estatísticas não substituem o julgamento".

\- Henry Clay (1950)

Este capítulo analisa, em primeiro lugar, a amostra de dados na secção 4.1 e o período utilizado no presente estudo, apresentando depois mais pormenores sobre as variáveis incluídas no modelo (secção 4.2). Finalmente, conclui-se com a estimativa do comprimento do desfasamento na secção 4.2.2.

4.1 Seleção do período

Este estudo inclui duas selecções de períodos, representadas na figura 4.1. Assumindo dados trimestrais, o período de 1980T1 a 1999T4 é utilizado como o período de estimação in-sample, enquanto o período de previsão out-of-sample representa o intervalo que começa em 2000T1 até ao conjunto de dados mais recente disponível (2014T1). Mais precisamente, após a transformação das variáveis, o período de estimação na amostra começa a partir de 1980T3, uma vez que são consideradas as primeiras diferenças e os logaritmos, o que resulta numa seleção de dados mais adequada sem valores em falta.

Por exemplo, para efetuar a previsão para 2000T1, os dados disponíveis até 1999T4 são estimados para produzir a previsão de 2000T1 e são comparados com os dados reais. Este processo repete-se ao longo de toda a amostra, avançando n passos trimestrais. Note-se que todos os parâmetros estimados de cada modelo são recursivamente actualizados ao longo do período fora da amostra. Isto significa que a primeira previsão se baseia em cerca de 20 anos de dados (período de estimação) e que a segunda previsão tem mais uma observação no período de estimação

e, portanto, a estimativa dos parâmetros precisa de ser recalculada. Adicionalmente, para modelos com variáveis combinadas, a secção de cada preditor é calculada ao longo do período de estimação, que representa o período *ex-ante*.

Figura 4.1 Estimação e pseudoperíodo fora da amostra

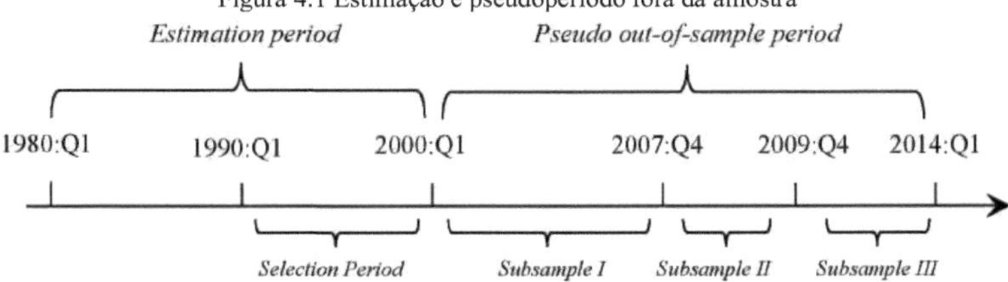

O período fora da amostra é dividido em três subamostras para testar a diferença na previsão. A definição do período das subamostras está relacionada com a recessão que ocorreu ao longo do período fora da amostra. A Figura 4.2 representa graficamente o PIB real com a respectiva recessão de 1980 até à atualidade.[II] Observa-se que a crise de crédito só ocorreu no segundo trimestre de 2008 e permaneceu por um curto período de tempo. O período da subamostra está, portanto, dividido antes e depois da recessão de 2007-09, mas também durante o período da crise de crédito.

4.2 Variáveis

Um grupo de 24 variáveis foi recolhido de acordo com o documento de Stock e Watson (2003), durante o período de janeiro de 1980 a abril de 2014. Os dados foram obtidos a partir de quatro fontes principais: a base de dados do Banco Nacional Suíço, a base de dados da OCDE, a Global Financial Database, a Datastream e a Bloomberg. A lista completa de variáveis pode ser consultada no Apêndice A, que agrupa variáveis económicas, preços dos activos e indicadores da massa monetária. Algumas variáveis foram incluídas devido à sua validade empírica na previsão do PIB real e do PIB da UE.

Figura 4.2 PIB real e períodos de recessão

[II]Dados retirados do sítio Web Global Financial Data.

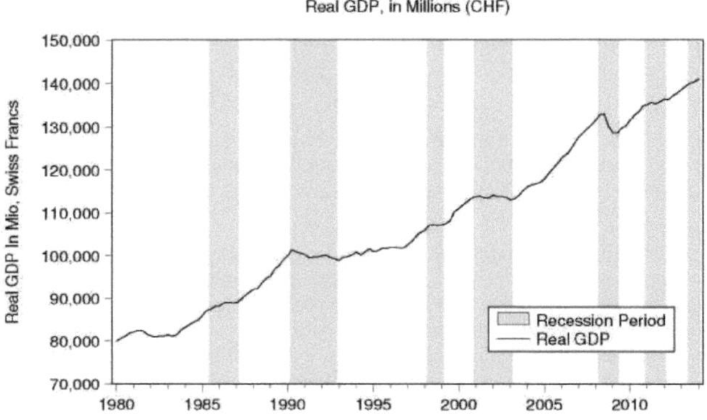

crescimento da inflação, influenciado principalmente por Stock e Watson (2003). Foram criados dados adicionais, tais como o valor real de várias variáveis, o diferencial de prazos e a variação efectiva do índice de preços no consumidor (designado por inflação). Para simplificar, no presente estudo, as alterações no índice de preços no consumidor (IPC) são referidas como crescimento da inflação, uma vez que a taxa de inflação se baseia no IPC. Consequentemente, o presente documento inclui um número total de 39 variáveis e o PIB real e o crescimento da inflação são tratados como variáveis dependentes.

4.2.1 Variáveis Transformações

Surgiram vários problemas durante a obtenção dos dados. Em primeiro lugar, o Swiss Market Index foi encontrado em junho de 1988, o que representa uma amostra mais pequena do que o período de referência. Assim, foi incluído o índice das acções suíças, calculado pelo Banco Nacional Suíço para 12 sectores diferentes desde a década de 1920 até serem descontados em 1988, substituídos pelos índices de desempenho suíços. Além disso, foi obtido outro índice, concebido para estimar o desempenho dos segmentos de grande e média capitalização do mercado suíço:
o MSCI Switzerland Index. Esta medida é relativamente semelhante ao Swiss Market Index (SMI) e inclui dados até à década de 1970, o que proporciona um período mais exato. Como o Swiss Market Index foi introduzido em 1988, a maioria das taxas de juro também foi actualizada nessa altura. Por exemplo, as obrigações do Estado de curto e médio prazo só estão disponíveis a partir de 1988. Por conseguinte, estas duas variáveis são tratadas separadamente e analisadas em mais pormenor para cada modelo.

Em segundo lugar, muitos dos dados estavam disponíveis numa base mensal e trimestral. Por conseguinte, foram efectuadas agregações para transformar os dados mensais em observações trimestrais, utilizando as observações trimestrais como uma média dos valores mensais. Esta agregação foi principalmente influenciada pelo artigo de Stock e Watson (2003), que utiliza uma abordagem semelhante.

Em terceiro lugar, alguns dos dados apresentavam graficamente um padrão sazonal. Por conseguinte, foi calculada a aproximação linear ajustada à sazonalidade, utilizando o programa de ajustamento sazonal X13 do U.S. Census Bureau. Apenas quatro variáveis já estavam ajustadas sazonalmente: PIB real, consumo total e real e deflator do PIB. Todas as outras variáveis foram aproximadas com o programa de ajustamento X13 (Wallis, 1974).

Em quarto lugar, muitos dos dados indicavam um padrão não estacionário e, por conseguinte, seria mais adequado calcular previsões com observações estacionárias. Para detetar se uma série temporal é ou não estacionária, foi calculado o teste de Dickey-Fuller Aumentado para todas as variáveis, que se encontra no Anexo B. Este teste de raiz unitária consiste em comparar o valor crítico da distribuição e a estatística Augmented Dickey-Fuller (ADF). Se a estatística ADF for inferior ao valor crítico, a hipótese nula de "raiz unitária" é rejeitada e o processo é definido como estacionário. Apenas seis variáveis foram consideradas estacionárias após o teste, e as outras variáveis não estacionárias foram diferenciadas. No entanto, após o processo de diferenciação, variáveis como o índice de preços do imobiliário, a base monetária e a base monetária real continuaram a ser não estacionárias. Para além disso, não só foi processado o teste de Dickey-Fuller Aumentado, como também foi utilizado o teste de Dickey-Fuller transformado em GLS, que se tem revelado mais robusto e com maior poder (Elliott *et al.*, 1992). Assim, foram processadas segundas diferenças para estas três variáveis. Uma lista detalhada de todas as transformações de dados é fornecida no Apêndice B. Além disso, todas as estatísticas descritivas são também anexadas no apêndice e incluem a média, a mediana, o desvio padrão, o mínimo, o máximo, a assimetria, a curtose e o número de observações de cada variável.

4.2.2 Teste de comprimento de retardamento

Para determinar o comprimento ótimo do desfasamento, estão disponíveis muitos procedimentos estatísticos. Lack (2006) demonstra que a decisão sobre o número de desfasamentos é um compromisso, uma vez que, por um lado, um pequeno critério de comprimento de desfasamento restringe potenciais dinâmicas inter-temporais e pode possivelmente não eliminar toda a autocorrelação nos resíduos. Por outro lado, um grande comprimento de desfasamento diminui a precisão das estimativas dos coeficientes, em parte devido a uma redução dos graus de liberdade. Por conseguinte, é efectuado um critério de seleção do comprimento do desfasamento utilizando o critério de informação de Akaike (AIC). Este critério revela que o comprimento do desfasamento mais adequado é quatro. Assim, em todas as simulações seguintes, o comprimento do desfasamento é fixado em quatro desfasamentos.

Capítulo 5

Resultados empíricos

"O objetivo dos modelos não é ajustar os dados, mas sim aguçar a questão."

\- Samuel Karlin (1983)

Neste capítulo, são analisados os principais resultados; em primeiro lugar, a secção 5.1 centra-se na previsão individual do crescimento real do PIB e da inflação utilizando modelos ARDL. Em seguida, os modelos de grande escala e as previsões combinadas são examinados na secção 5.2 e comparados entre si e com os métodos de previsão individuais. Na secção 5.3, são incluídas variáveis adicionais nos modelos BVAR utilizando os cinco principais parceiros comerciais da Suíça. No final do capítulo, é discutido um resumo geral do desempenho das previsões, incluindo a secção 5.4, que comenta a estabilidade das previsões.

5.1 Previsões de variáveis individuais

5.1.1 Desempenho do PIB real

O desempenho de todas as diferentes variáveis individuais relativamente ao modelo auto-regressivo, que é o nosso parâmetro de referência, está resumido no quadro 5.1. O erro de previsão quadrático médio relativo foi calculado para quatro estruturas de horizontes: um, quatro, oito e 12 passos à frente.[3] O teste de Diebold e Mariano também foi calculado e as três melhores variáveis relativamente ao seu *valor p* estão assinaladas com um asterisco no quadro. As previsões do modelo autoregressivo com desfasamento distribuído (ARDL) demonstram que os preços dos activos são úteis para prever o PIB real, em especial durante períodos de curto prazo. Cerca de 53% das variáveis individuais registaram um desempenho inferior ao do modelo de referência AR, no período de curto prazo (previsões numa fase), enquanto 66% de todas as variáveis previsíveis registaram um desempenho inferior a longo prazo, o que representa previsões mais fracas fora da amostra. O aumento dos erros de previsão demonstra que os preços dos activos contêm menos informações sobre os movimentos a longo prazo do que sobre as alterações a curto prazo. Isto prova que, no período de curto prazo, as variáveis captam os movimentos do mercado com mais exatidão do que no longo prazo.

Quadro 5.1: Resultados ARDL da MSFE relativa para o PIB real

Variáveis	h=1	h=4	h=8	h=12	Variáveis	h=1	h=4	h=8	h=12
dgdp	0.994	0.970	1.018	1.028	rltgb	1.011	1.008	1.046	0.949
tcon	0.990	0.973	0.995	1.011	rlr	0.999	1.008	1.004	0.998
rtcon	1.011	0.992	*0.972*	1.011	exr	1.023	0.959	1.023	1.001
cpi	0.990	0.995	1.125	1.009	rexr	1.028	*0.954*	1.015	1.003
infl	0.999	1.000	1.001	0.987	neer	1.048	0.956	1.015	1.001
ppi	1.007	1.077	1.083	1.030	preço g	0.994	1.085	0.998	1.011

---

[3]Os modelos ARDL foram calculados no EViews 8.0, utilizando o poderoso comando processing para efetuar todos os vários modelos.

ipi	*0.899*	1.006	1.049	0.992	sprice	0.990	1.030	1.035	0.995
repi	1.003	1.014	0.995	0.995	preço	0.965	1.047	1.023	1.136
ovir	1.003*	0.969*	0.992*	1.009*	smi	0.957	1.006	1.015	1.014
stgbit	0.970	0.965	0.978	0.992	msci	0.994	1.008	1.009	0.995
stgb	0.961	0.954	1.069	1.028	exrus	1.048	0.997	0.989	0.971
mtgb	1.019	1.011	1.117	0.955	m0	1.086	1.052	1.752	1.393
ltgb	1.011	0.997	1.066	0.990	m1	1.007	1.036	1.151	1.033
lr	1.086*	1.0769*	1.131*	1.055*	m2	1.007	1.006	1.015	1.020
espalhar	0.994	0.973	0.984	1.003	m3	0.978	1.104	1.009	0.979
rovir	1.003*	0.969*	0.989*	1.009*	rm0	1.073	1.058	1.369	1.190
rstgbit	0.986	0.967	0.992	0.982	rm1	0.999	1.047	1.174	1.030
rstgb	0.974	0.962	1.001	*0.933*	rm2	1.003	0.995	1.009	1.025
rmtgb	1.011	1.006	1.029	0.947	rm3	0.965	1.126	1.077	0.976

Notas: Os resultados em negrito e itálico indicam a variável com melhor desempenho utilizando modelos ARDL para o horizonte especificado. O * indica as melhores variáveis de acordo com o teste DM e o t representa o modelo com melhor desempenho do que o AR para os quatro horizontes especificados.

Os resultados das previsões ARDL individuais demonstram que a maioria das variáveis, em relação aos preços dos activos, prevê a variação do PIB real com maior precisão do que o valor de referência. No entanto, um número relativamente pequeno de indicadores é consistente ao longo de todas as projecções de previsão. Mais precisamente, apenas dois indicadores parecem estimar as variações do PIB real com mais precisão do que o modelo ingénuo em todos os períodos de previsão; os títulos de dívida pública de curto prazo e os títulos de dívida pública de curto prazo em termos reais, que prevêem o crescimento do produto com 2,4% e 1,8% mais precisão do que o modelo de referência AR para todo o horizonte. O diferencial de prazos é também um indicador válido, uma vez que o seu desempenho em termos de previsões é 1,1% superior ao do modelo de referência. Estes resultados estão em consonância com as previsões de Stock e Watson (2003), que comentam que as taxas de juro de curto prazo e os spreads de prazos são apresentados como indicadores empíricos avançados do produto. Também concluíram que o diferencial de prazos tem um conteúdo preditivo para o produto real, especialmente nas economias da OCDE. No entanto, os seus MSFE relativos aumentam à medida que o horizonte é alargado. As variáveis da dívida pública de curto prazo, da dívida pública real de curto prazo e do diferencial de prazos não têm, contudo, qualquer significado no teste de Diebold e Mariano (DM).

O melhor modelo de previsão do crescimento real do PIB para as previsões a curto prazo é o índice de preços industriais, com uma melhoria de 11% em relação ao valor de referência. Curiosamente, a variável não tem um desempenho exato para as previsões com quatro, oito e 12 etapas de antecipação. O mercado bolsista suíço (SMI) também tem um desempenho relativamente bom no curto prazo, mas deteriora-se no longo prazo. Os preços das acções são geralmente úteis, porque devem ser iguais ao valor atualizado dos lucros futuros e, em termos mais gerais, devem ser um indicador do crescimento da produção. No entanto, Stock e Watson (2003) explicaram que os preços das acções têm pouco conteúdo preditivo para o produto futuro e, este é o caso no quadro 5.1.

No entanto, para determinar completamente a análise, foi calculado o teste de Diebold e Mariano. Este fornece uma melhor medida de classificação, que inclui a determinação de modelos que são estatisticamente significativos entre si. O teste DM revela que as variáveis dos preços dos activos são bons preditores para prever o crescimento real do PIB. Na tabela, as variáveis que parecem ser as mais exactas de acordo com o teste DM são as taxas de juro overnight, as taxas Lombard e as taxas de juro reais overnight.

5.1.2 Desempenho da inflação

O Quadro 5.2, que tem a mesma configuração que o Quadro 5.1, resume o desempenho das previsões individuais da inflação utilizando os métodos ARDL (autoregressive distribute lagged).

À primeira vista, as MSFE relativas globais parecem ser mais pequenas do que o PIB real, com melhores previsões. No entanto, se calcularmos uma média dos quatro horizontes, os valores MSFE para todas as variáveis indicam resultados mais fracos em comparação com o PIB real. O MSFE relativo médio para a inflação indica um desempenho inferior dos ARDL em 3,5% e para o PIB real em 2,3%, relativamente ao valor de referência (AR).

Quadro 5.2: Resultados ARDL relativos da MSFE para a inflação

Variáveis	h=1	h=4	h=8	h=12	Variáveis	h=1	h=4	h=8	h=12
dgdp	0.976	0.925	0.939	1.088	rltgb	1.008	1.046	0.996	1.060
tcon	0.935	0.920	1.058	1.004	rlr	1.000	1.066	1.022	1.074
rtcon	0.992	0.950	1.011	0.962	exr	1.000	1.036	1.017	1.004
rgdp	1.032	1.066	1.089	1.074	rexr	0.992	1.011	1.011	1.000
infl	1.000	0.995	0.986	1.000	neer	1.008	1.066	1.011	1.004
ppi	1.049	1.147*	1.157	1.159	preço g	1.024	0.980	1.048	0.925
ipi	1.057	1.031	1.058	1.252	sprice	1.081	0.995	1.094	0.948
repi	1.008	1.011	1.001	1.000	preço	0.984	1.046	1.084	1.009
ovir	*0.984**	0.980	0.970*	1.056*	smi	1.065	1.056	1.048	1.201
stgbi	1.016	1.021	1.001	1.018	msci	1.106	1.021	1.022	1.163
stgb	0.983	1.051	0.882	*0.808*	exrus	1.016	1.086	1.027	1.000

mtgb	0.967*	0.975	0.903	1.149	m0	1.374	1.112	1.105	1.542
lgb	1.000	1.061	1.001	1.060	m1	1.049	1.157	0.986	1.009
lr	0.845*	*0.748*	*0.866*	1.037*	m2	1.016	1.142*	1.084	1.014
espalhar	1.008	1.011	1.006	1.000	m3	1.073	1.011	1.017	0.897
rovir	*0.984*	0.985	0.970*	1.056*	rm0	1.471	1.122	1.297	1.490
rstgbi	1.008	1.016	1.001	1.018	rm1	1.049	1.162	0.986	1.009
rstgb	0.992	1.000	0.991	1.051	rm2	1.016	1.137	1.079	1.014
rmtgb	1.008	0.990	1.017	1.023	rm3	1.065	1.011	1.017	0.897

Notas: Os resultados em negrito e itálico indicam a variável com melhor desempenho utilizando o modelo ARDL para o horizonte especificado. O * indica as melhores variáveis de acordo com o teste DM.

A variável que prevê a inflação com maior exatidão é o fator de previsão das taxas Lombard, que representa uma melhoria média consistente de 13% em relação ao valor de referência (AR). Além disso, o MSFE relativo das previsões com quatro etapas de antecipação é 26% mais exato do que a previsão ingénua. As taxas Lombard podem ser comparadas com as taxas de desconto utilizadas pela Reserva Federal nos EUA, mas são taxas utilizadas na Suíça pelo Banco Nacional Suíço. Os empréstimos Lombard são geralmente utilizados pelo SNB principalmente quando um banco necessita de liquidez urgente que não pode obter no mercado monetário (Giovanni, 2002). Por conseguinte, as taxas Lombard deveriam incorporar as expectativas do mercado em relação à inflação no futuro e seriam a razão para uma MSFE relativa mais exacta para esta variável. Muitas outras variáveis indicam um fraco desempenho na previsão da inflação e representam modelos que são piores do que um processo AR. Stock e Watson (2003) também concluem sobre essa aparente instabilidade na previsão, especialmente para a inflação. O teste DM indica, mais fortemente com a inflação, que os preços dos activos são os melhores preditores para prever as variáveis económicas. O preditor taxas Lombard é fortemente significativo em todos os períodos.

A discussão anterior demonstra que as previsões com modelos ARDL têm resultados mitigados. Naturalmente, isto pode refletir a amostra escolhida, uma vez que em todo o exemplo está incluída a crise de crédito de 2007-2009. Consequentemente, são considerados três períodos de subamostra, comparando a exatidão das previsões utilizando modelos ARDL. O Quadro 5.3 mostra o período antes, durante e após a crise de crédito de 2007-2009 e apresenta alguns resultados interessantes.

Tabela 5.3: Desempenho das previsões da subamostra

	Amostra I	Amostra II	Amostra III
		PIB real	
Período Média MSFE	1.01	1.00	1.06
Variáveis MSFE < 1	18	17	16

MSFE relativo <I em %	47.4%	44.7%	42.1%

Inflação

Período Média MSFE	1.03	1.02	1.04
Variáveis MSFE < 1	12	19	13
MSFE relativo < 1 em %	31.6%	50.0%	34.2%

Notas: O período I representa 2000T1 a 2007T4, 2008T1 a 2009T4 de
Período II e 2010T a 2014T1 para o Período III no horizonte h=4.

Em primeiro lugar, a segunda amostra, que corresponde ao período de 2008 até ao final de 2009, parece ter a previsão mais exacta, especialmente para a inflação, em relação às outras duas amostras, que correspondem ao período pré e pós-crise. Isto indica, por conseguinte, que, durante a crise, os modelos ARDL efectuam previsões melhores do que um modelo autoregressivo (AR) normal para prever a inflação e o crescimento do produto na Suíça. No entanto, isso implica apenas que a previsão ARDL é melhor do que a referência, e não que o modelo previu bem durante esse período, uma vez que a referência apenas previu o seu próprio valor desfasado. Em segundo lugar, para o período anterior e posterior à recessão, a exatidão das previsões indica semelhanças relativas nas MSFEs relativas para todas as variáveis. No entanto, um ligeiro aumento das MSFE relativas na amostra três implica que a previsão tinha mais estabilidade antes da recessão para o PIB real. A falta de relação entre as três subamostras é evidente, onde as MSFE relativas são elevadas. Há que sublinhar não só o fraco desempenho, mas também as MSFE relativas extremas durante a amostra três, onde temos, por exemplo, MSFE de 1,6 e 0,8 para outros indicadores. Por conseguinte, os modelos de previsão que têm um desempenho inferior ao da referência na primeira amostra podem ou não ter um desempenho inferior ao da referência na terceira amostra. Este resultado foi também observado no estudo de Stock e Watson (2003), que descrevem uma instabilidade considerável nas relações bivariadas que envolvem os preços dos activos e outros factores de previsão.

Em geral, comparando os desempenhos das previsões entre o crescimento do produto e da inflação para diferentes períodos, verifica-se que os modelos ARDL apresentam uma maior estabilidade na medição do PIB real, no entanto, o desempenho das previsões para o crescimento da inflação é mais exato durante a amostra II, que inclui a crise de 2007-2009.

5.2 Previsões combinadas

Esta secção examina a possibilidade de as previsões combinadas melhorarem o seu desempenho. Tal como foi referido nos capítulos 2 e 3, as previsões combinadas utilizam mais informações e, por conseguinte, podem ser mais úteis do que as previsões individuais.

5.2.1 Seleção de variáveis

Na secção seguinte, um total de quatro definições está implícito nos diferentes modelos. Além disso, para alguns modelos, é utilizada uma pequena quantidade de factores de previsão para prever as variáveis dependentes. O número de variáveis pode variar entre dois e 10, no entanto, assume-se que os conjuntos de variáveis têm um total de factores de previsão inferior a 10. Muitos trabalhos empíricos demonstram que, quase sem exceção, a exclusão de preditores melhora a previsão em comparação com o valor de referência. A razão é que a maioria das variáveis não contribui para A informação é mais completa, mas acrescenta ruído adicional à previsão, aumentando o erro de previsão. Este resultado foi discutido por Bernanke *et al.* (2005), mas também no artigo de Lack (2006) dos estudos económicos do Banco Nacional Suíço. Além disso, Leeper *et al.* (1996) também incentivam a utilização de um pequeno número de variáveis nos VAR, mas também sugerem a aplicação de priores bayesianos para um grande conjunto de factores de previsão.

A redução do número de variáveis no modelo melhorará provavelmente as MSFE relativas; no entanto, a escolha das variáveis continua a ser uma tarefa difícil. Por conseguinte, foram efectuadas diferentes abordagens para determinar a variável adequada. Em primeiro lugar, foi selecionada uma gama de 10 variáveis que podem ter significado para cada variável dependente. A seleção foi complementada por vários artigos da literatura do Banco Nacional Suíço e outros estudos publicados, principalmente o estudo de Assenmacher-Vesche e Pesaran (2009) para o PIB real e, para a inflação, o artigo de Lack (2006). Seguindo esta abordagem, foi realizado um teste de causalidade de Granger para selecionar as variáveis importantes. O método de causalidade de Granger constitui uma abordagem à questão de saber em que medida o valor atual de y pode ser explicado por valores passados de y (Granger, 1969). Determina também se a adição de valores desfasados de x pode melhorar a explicação. Após o cálculo do teste de Granger, foi introduzido um novo conjunto de variáveis no modelo, que inclui seis factores de previsão para o PIB real e a inflação. As variáveis podem ser observadas na tabela 5.4.

Tabela 5.4: Seleção de variáveis (Todas as abreviaturas das variáveis são fornecidas no Apêndice A)

Teste de Causalidade de Granger

Variáveis do PIB real:	
Variáveis de inflação:	cpi, exr, ipi, neer, rexr, rm3 lr,
Regressão Stepwise	ltgb, rlr, rstgbi, stgbi, tcon

Variáveis do PIB real:	rtcon, ppi, dgdp, smi

Variáveis de inflação:	rtcon, tcon, ovir, rovir

Em segundo lugar, foi efectuada uma regressão por mínimos quadrados stepwise no período de estimação. Mais precisamente, um modelo que efectua regressão múltipla, designado por procedimento stepwiseforwards, que começa sem variáveis na regressão e adiciona a variável com o *valor p* mais baixo. A regressão stepwise permite que todas as variáveis sejam escolhidas automaticamente a partir de um conjunto de variáveis, utilizando um critério estatístico, que foi definido como um valor p a um nível de significância de 5%. A Tabela 5.4 mostra um total de quatro preditores agrupados nesta categoria. Por último, este documento considera a possibilidade de incluir todas as variáveis de preços de activos e de preços não activos para cada abordagem. Os diferentes métodos são utilizados para prever o crescimento do PIB real e da inflação com o seu conjunto relativo de variáveis.

5.2.2 Desempenho

Os modelos autoregressivos vectoriais e os modelos de previsão combinados foram calculados e os resultados estão representados na tabela 5.5.[4] No que se refere aos comentários anteriores, a combinação de variáveis num modelo VAR sem restrições não apresenta previsões exactas. Para todas as categorias, os modelos VAR têm um desempenho pior do que o modelo de referência (AR), em particular para a categoria de factores de previsão não activos. Os modelos de previsão combinados são superiores aos VAR simples, indicando MSFEs relativos inferiores a 1,13 em comparação com os VARs, com valores superiores a 1,4. As previsões combinadas fornecem resultados atenuados, uma vez que os seus MSFE relativos são superiores a um e, por conseguinte, não têm um desempenho tão bom como o da referência neste caso. Por conseguinte, uma abordagem Bayesiana seria mais adequada para prever a economia suíça.

Tabela 5.5: Previsões VAR e Combinação MSFE Relativo
Resultados para o PIB real (h=1)

PIB real	VAR	Combinação
Preços dos activos Variáveis	1.512	1.121
Variáveis dos preços dos activos não monetários	2.629	1.134
Melhores variáveis (GC)	1.471	1.088

---

[4]Os resultados completos dos modelos de previsão combinados estão incluídos no Apêndice C.

Melhores variáveis (SR)	1.852	**1.081**

Notas: Os resultados a negrito indicam o melhor modelo de entre as quatro categorias. A seleção de variáveis utilizando a causalidade de Granger é indicada como GC, enquanto SR corresponde à regressão stepwise. O método de previsão combinada corresponde ao modelo mais exato, que é o Discounted MSFE ($5 = 0{,}9$).

5.3 Previsões Vectoriais Autoregressivas Bayesianas

A estimativa Bayesiana pode ser calculada para estimar o crescimento do PIB real e da inflação. Os modelos BVAR têm a capacidade de lidar com o problema da sobre-parametrização que afecta os VAR. Para reduzir os grandes erros de previsão fora da amostra, o método Bayesiano utiliza restrições prévias. Esta secção investiga se os métodos de estimação VAR bayesianos são superiores à estimação VAR clássica para a previsão do crescimento real do PIB e da inflação.

5.3.1 Desempenho do PIB real

No quadro 5.6, são apresentados os resultados relativos do MSFE para o PIB real. Os modelos VAR bayesianos foram calculados em quatro categorias: todas as variáveis dos preços dos activos, todos os preditores não relacionados com os preços dos activos, variáveis que foram selecionadas pelo teste de causalidade de Granger e pela regressão stepwise.[5] Para a estimativa do PIB real, os parâmetros prévios foram definidos com base em diferentes especificações em termos do número de desfasamentos do parâmetro de decaimento ótimo (d), do parâmetro de rigidez (γ) e da correlação cruzada entre variáveis (w). As definições óptimas para o PIB real incluem um parâmetro de rigidez global de 0,1, um peso relativo das variáveis cruzadas de 0,5 e um decaimento do desfasamento de 0,5 ($\gamma = 0{,}1$, $w = 0{,}5$, $d = 0{,}5$). Esta combinação de hiper-parâmetros produz os melhores resultados. A especificação relativa foi também utilizada de forma semelhante no estudo de Natal (2003), que aplica uma parametrização semelhante em modelos BVAR.

Os modelos VAR bayesianos apresentados no quadro 5.6 mostram uma melhoria em relação aos métodos de previsão VAR e de combinação, especialmente com as variáveis dos preços dos activos. No entanto, todos os MSFE relativos ao longo do horizonte de curto e longo prazo são superiores a um, o que revela que as previsões que utilizam modelos BVAR têm um desempenho inferior ao da referência. Os modelos BVAR têm, em média, um desempenho 5% inferior ao da referência ao longo de todo o horizonte temporal. Para determinar se alguma das medidas acima referidas é estatisticamente significativa entre si,

Quadro 5.6: <u>Previsões BVAR Resultados relativos MSFE para o PIB real</u>

PIB real	h=1	h=4	h=8	h=12
Preços dos activos Variáveis	**1.019***	**1.027***	**1.025***	**1.020***
Variáveis dos preços dos activos não monetários	1.036*	1.035*	1.044*	1.067*
Melhores variáveis (GC)	1.061*	1.059	1.055	1.064
Melhores variáveis (SR)	1.094	1.110	1.104	1.094

Notas: Os resultados em itálico indicam um modelo que supera o modelo de referência (AR) e os valores a negrito indicam o melhor modelo em todos os horizontes. A seleção de variáveis utilizando a causalidade de Granger é indicada como GC, enquanto SR corresponde à regressão stepwise. A significância ao nível de 5% é indicada por

---

[5] O método BVAR foi calculado no EViews 8.0 usando a integração MATLAB R2013a para modelos com grande combinação, e pode ser explorado no Apêndice D.

* para o teste Diebold Mariano.

Os testes de Diebold e Mariano foram efectuados a um nível de significância de 5%. Por conseguinte, mostra-se que os subconjuntos de variáveis de activos e de variáveis não relacionadas com activos apresentam uma melhoria consistente nos quatro horizontes em comparação com o *valor de* referência, uma vez que o *valor p* no teste DM é significativo a um nível de significância de 5%. No caso da previsão do crescimento real do PIB, os MSFEs relativos por seleção de variáveis utilizando a causalidade de Granger ou a regressão Stepwise são relativamente mais elevados e, por conseguinte, têm um desempenho inferior ao do subconjunto completo. Evidentemente, as séries adicionais no subconjunto completo, que são o grupo de variáveis de activos e não activos, respetivamente, contêm mais informações úteis para a previsão do PIB real suíço. Por último, a categoria de variáveis de activos é a que prevê com maior precisão em todos os períodos.

5.3.2   Desempenho da inflação

Foi efectuado um procedimento semelhante para a inflação. Foram calculadas todas as combinações possíveis para encontrar os hiper-parâmetros mais adequados para a inflação utilizando o VAR bayesiano. De acordo com o artigo de Lack (2006), os priors foram testados com a rigidez global de 0,1 a 0,3 e o desfasamento de um e dois, enquanto o peso das variáveis cruzadas foi fixado em 0,5, por ser uma escolha comum. Os hiperparâmetros óptimos, que fornecem o MSFE mais baixo, dão uma rigidez global de 0,1 e um parâmetro de decaimento ótimo de um ($Y = 0$-1, $w = 0$-5, $d = 1$). Este procedimento pode ser observado na figura C.1 do Apêndice C, onde se mostram as MSFEs relativas para dois parâmetros diferentes. Para os hiper-parâmetros com um parâmetro decrescente de um, os erros são melhorados para um horizonte de previsão até 10 trimestres, após o que, no entanto, os modelos BVAR aumentam o erro de previsão.

Alterando ligeiramente os hiper-parâmetros, neste caso modificando a rigidez relativa da variância dos desfasamentos para 0,9, os erros de previsão podem mudar consideravelmente. Por conseguinte, o parâmetro de decaimento ótimo é fixado em um.

Quadro 5.7: Previsões BVAR Resultados relativos MSFE para a inflação

Inflação	h=1	h=4	h=8	h=12
Preços dos activos Variáveis	*0.951**	*0.951**	*0.961**	*0.937**
Variáveis dos preços dos activos não monetários	1.032	1.031	1.035	1.022
Melhores variáveis (GC)	*0.799**	*0.807**	*0.785**	*0.798**
Melhores variáveis (SR)	*0.959**	*0.983**	*0.978**	1.014*

Notas: *Ver notas ao quadro 5.6*

Em termos de previsão da inflação utilizando modelos BVAR, os resultados são superiores aos da estimativa do crescimento do PIB real. Além disso, 11 dos 16 rácios têm um MSFE relativo melhorado em relação ao valor de referência e, em alguns casos, os ganhos são substanciais (MSFEs de 0,785). No caso da inflação, os testes de significância da DM são consistentes em todos os horizontes para as melhores variáveis escolhidas pelo teste de causalidade de Granger e pela regressão Stepwise, mas também para o conjunto de variáveis dos preços dos activos. O grupo de variáveis selecionado pelo teste de causalidade de Granger é o modelo mais preciso para prever a inflação, especialmente no horizonte de curto prazo e de oito trimestres, com uma melhoria em relação ao valor de referência de 20% e 22%, respetivamente.

5.3.3 BVAR com variáveis exógenas

Os modelos que têm sido calculados até à data podem ter várias deficiências, uma vez que consideram apenas variáveis internas. O crescimento real do PIB e da inflação na Suíça é fortemente influenciado por alterações no resto do mundo, uma vez que o país é considerado uma pequena economia aberta. Um modelo de previsão que tenha em conta diversas variáveis externas seria, por conseguinte, mais adequado. Esta secção inclui cinco novos factores de previsão no modelo vetorial autoregressivo bayesiano, que são tratados como variáveis políticas exógenas. Por conseguinte, é incluído um índice do PIB real para os cinco principais parceiros comerciais da Suíça: Alemanha, França, Reino Unido, Estados Unidos da América e Japão. Cada variável foi retirada do sítio Web da Global Financial Database. Além disso, foram efectuados vários ajustamentos para apresentar os dados estacionários e ajustados sazonalmente.[6] O Quadro 5.8 apresenta os resultados com novos factores de previsão incluídos nos modelos BVAR. As definições dos hiper-parâmetros permanecem semelhantes para os modelos do PIB real e da inflação.

Quadro 5.8: Previsões BVAR Resultados relativos MSFE para o PIB real e a inflação com a inclusão dos principais parceiros comerciais da Suíça como variáveis exógenas

PIB real			*Inflação*	
Incl. novas variáveis	h=1	h=4	h=1	h=4
Preços dos activos Variáveis	*0.986**	*0.991**	*0.951*	*0.951*
Variáveis dos preços dos activos não monetários	1.057	1.059	1.008	1.007
Melhores variáveis (GC)	*0.907*	*0.944*	*0.809**	*0.847**
Melhores variáveis (SR)	*0.924*	*0.968*	*0.807**	*0.815**

Notas: *Ver notas ao quadro 5.6*

    A inclusão de variáveis exógenas nos modelos VAR bayesianos melhora ligeiramente os resultados. Os MSFEs relativos para a inflação são reduzidos para valores de 0,807 e para o PIB real de 0,907 para a categoria de regressão stepwise e causalidade de Granger, respetivamente. Esta melhoria demonstra o poder dos principais parceiros comerciais estrangeiros para a Suíça, uma vez que o país está situado no centro da Europa. O trabalho de Alessandrini (2003) também demonstra que as variáveis financeiras estrangeiras fornecem informações úteis. O seu estudo confirma o poder de previsão das variáveis financeiras de outros países, nomeadamente dos Estados Unidos. Segundo o Serviço Federal de Estatística suíço, a Suíça é um dos países com maior peso do comércio externo no Produto Interno Bruto. Os países da União Europeia são também de particular importância, em termos de importações e exportações, especialmente a Alemanha, que é o principal comprador das exportações suíças. Presume-se que os ciclos económicos suíços sejam principalmente influenciados pelo ciclo económico alemão, estando assim normalmente associados à atividade suíça. Por conseguinte, os resultados do quadro 5.8 estão em conformidade com as expectativas, em que os erros das previsões são melhorados, reduzindo os erros médios quadráticos globais das previsões, o que é o caso tanto para o PIB real como para a inflação ao longo dos quatro horizontes.[7]

    O melhor conjunto de variáveis para o PIB real utilizando variáveis exógenas é a categoria de causalidade de Granger, e pode observar-se uma melhoria, uma vez que esta categoria melhora o valor de referência em cerca de 9%. Neste caso, o melhor conjunto de variáveis e os resultados diferem da abordagem BVAR normal, discutida anteriormente. Com a inclusão dos principais parceiros comerciais, os modelos para o PIB real são agora, em média, superiores ao valor de referência. No entanto, o teste DM mostra que a categoria de causalidade de

---

[6]O PIB real da Alemanha, França, Reino Unido, EUA e Japão foi ajustado sazonalmente com o programa de ajustamento sazonal X13 do U.S. Census Bureau, registado e diferenciado pela primeira vez.

[7]As observações de previsão fora da amostra para o teste de causalidade de Granger e a categoria de regressão stepwise usando BVAR com variáveis exógenas são apresentadas no Apêndice C, figura C.2.

Granger não é significativamente diferente da referência. Por conseguinte, a categoria de causalidade de Granger pode produzir um MSFE superior em relação a outros grupos, mas não é estatisticamente significativa, de acordo com o teste de Diebold e Mariano. A categoria que contém todas as variáveis de preços dos activos representa também um bom conjunto de preditores.

Relativamente à inflação, a categoria também muda, uma vez que a categoria de regressão stepwise proporciona uma melhoria mais acentuada de 19% em média. Tanto a causalidade de Granger como os grupos de regressão stepwise são significativos a 5%, de acordo com o teste de Diebold e Mariano. No caso da inflação, os erros de previsão com variáveis exógenas não apresentam resultados tão exactos como os modelos BVAR que excluem os principais parceiros comerciais. No entanto, pode observar-se uma melhoria para a categoria de variáveis de preços não activos, incluindo variáveis exógenas.

5.4 Estabilidade das previsões

Os modelos vectoriais autoregressivos bayesianos com a inclusão de variáveis exógenas indicam uma abordagem que estima com maior precisão o crescimento real do PIB e da inflação. No entanto, seria adequado estimar a sua robustez e limitações para analisar plenamente o desempenho das previsões. Existem várias abordagens para avaliar o desempenho fora da amostra dos modelos de séries cronológicas. Não são apenas os MSFE relativos ou os testes de Diebold e Mariano, que foram discutidos anteriormente, que podem servir como métodos de avaliação. Outras medidas, como a raiz do erro quadrático médio da previsão, o erro médio absoluto da previsão e os rácios de sucesso, também podem indicar a exatidão do desempenho de um modelo.

Em primeiro lugar, as medidas relativas estão representadas na tabela 5.9 e incluem o erro quadrático médio de previsão (MSFE), que foi analisado anteriormente; a raiz do erro quadrático médio de previsão (RMSFE) e o erro absoluto médio de previsão (MAFE). Estes métodos produziram resultados relativamente semelhantes, no entanto, surgem algumas diferenças. Por exemplo, as medidas relativas do erro de previsão absoluto médio para o PIB real parecem ser maiores do que os MSFE e os RMSFE relativos. Este facto demonstra o termo absoluto que o MAFE inclui, uma vez que os valores atípicos são menos influenciados. Por conseguinte, de acordo com o MAFE, a previsão do PIB real com o BVAR utilizando variáveis exógenas não melhora os erros de previsão em relação ao parâmetro de referência (AR), uma vez que os MAFE relativos são superiores a um. No entanto, os MSFE, RMFSE e MAFE relativos indicam, coletivamente, que a categoria de causalidade de Granger é a que faz previsões mais exactas no caso do crescimento do PIB real.

Quadro 5.9: Várias avaliações de previsões para o PIB real e a inflação com o VAR bayesiano utilizando a inclusão dos principais parceiros comerciais da Suíça como variáveis exógenas

PIB real	MSFE	RMSFE	MAFE
Preços dos activos Variáveis	*0.991*	*0.996*	1.082
Variáveis dos preços dos activos não monetários	1.059	1.029	1.123
Melhores variáveis (GC)	*0.944*	*0.972*	**1.072**
Melhores variáveis (SR)	0.968	*0.984*	1.101
Inflação	MSFE	RMSFE	MAFE
Preços dos activos Variáveis	*0.951*	*0.974*	*0.974*

Variáveis dos preços dos activos não monetários	1.007	1.004	1.002
Melhores variáveis (GC)	*0.847*	*0.921*	*0.939*
Melhores variáveis (SR)	*0.815*	*0.904*	*0.949*

Notas: Os resultados em itálico indicam um modelo que supera o modelo de referência (AR) e a melhor medida de estimativa é indicada a negrito. O erro quadrático médio de previsão é indicado como MSFE, a raiz do erro quadrático médio de previsão como RMSFE e o erro absoluto médio de previsão como MAFE. Horizonte = 4.

Em termos de crescimento da inflação, a maioria dos valores apresenta semelhanças, uma vez que cada medida indica que as variáveis dos preços dos activos são úteis para prever o crescimento da inflação. Além disso, os conjuntos de variáveis de causalidade de Granger e de regressão por etapas prevêem a inflação de forma mais correta. De acordo com o MAFE relativo, a categoria de causalidade de Granger produz modelos superiores aos da categoria de regressão por etapas.

Outra medida para estimar a precisão dos modelos de previsão é o rácio de sucesso. Este rácio examina se o sinal da previsão é ou não igual ao da verdadeira observação retida e assume o valor de um quando o seu argumento é correto e o valor de zero no caso contrário (Franses e Van Homelen, 1998). Todos os rácios estão representados no quadro 5.10 e indicam uma melhoria nos modelos de previsão quando os modelos BVAR incluem variáveis exógenas, uma vez que os rácios de sucesso aumentam tanto para o PIB real como para a inflação. Este facto confirma a superioridade dos modelos com a adição de variáveis exógenas.

Quadro 5.10: Rácios de sucesso para o PIB real e a inflação com e sem a inclusão dos principais parceiros comerciais da Suíça como variáveis exógenas

	PIB real		*Inflação*	
Rácios de sucesso	BVAR	BVAR(X)	BVAR	BVAR(X)
Preços dos activos Variáveis	0.509	**0.849**	0.501	0.717
Variáveis dos preços dos activos não monetários	0.516	0.830	0.502	0.698
Melhores variáveis (GC)	0.516	0.830	0.504	**0.774**
Melhores variáveis (SR)	0.504	0.830	0.504	0.717

Notas: *BVAR(x) representa modelos com as variáveis exógenas. Os valores a negrito indicam o melhor rácio. O horizonte é h=4.*

Surpreendentemente, esta abordagem indica que os resultados das previsões são superiores para o PIB real do que para o crescimento da inflação na previsão do sinal da previsão. Além disso, o PIB real é mais bem sucedido nas previsões do que a inflação. No caso dos modelos BVAR com variáveis exógenas, os rácios de sucesso do PIB real são, na sua maioria, superiores a 0,8, enquanto os rácios da inflação se situam entre 0,6 e 0,8. Este resultado contradiz os resultados discutidos anteriormente, uma vez que os MSFE relativos para a inflação dominaram principalmente o PIB real na maioria dos casos. Este resultado pode explicar o facto de a previsão do PIB real com um BVAR normal conter principalmente MSFEs relativas superiores a 1,00, mas com a inclusão de variáveis exógenas, as MSFEs relativas são principalmente inferiores a 1,00. Esta melhoria implica que os modelos, que são ineficazes, se tornem bem sucedidos e, por conseguinte, esta mudança é superior a, por exemplo, ser bem sucedido e permanecer na mesma. De um modo mais geral, pode observar-se que as variáveis dos preços dos activos, incluindo a causalidade de Granger e as categorias de regressão stepwise, proporcionam melhores rácios de sucesso do que o conjunto de variáveis não relacionadas com os preços dos activos. Mais precisamente, as variáveis não relacionadas com os preços dos activos prevêem com menos precisão o crescimento do PIB real e da inflação. Este facto foi confirmado pela literatura empírica, como a de Stock e Watson (2003), entre outros, segundo a qual os preços dos activos são preditores úteis.

Uma abordagem importante na previsão de variáveis macroeconómicas é examinar a consistência ao longo de todo o período de previsão. À semelhança da secção 5.1, em que se investiga a utilidade de preditores individuais, o quadro 5.11 apresenta as MSFE relativas ao longo de três períodos: pré e pós-recessão, mas também durante a crise do crédito. Em primeiro lugar, os modelos BVAR durante a recessão apresentam, em geral, previsões fracas e são mais pronunciados no que respeita à inflação. Na amostra II, que representa o período de 2008T1 a 2009T4, registam-se valores extremos, como 1,2 ou 0,8. Isto prova a instabilidade dos modelos no período de recessão, principalmente para as variáveis que não estão relacionadas com os preços dos activos, que têm erros maiores, por exemplo, um MSFE relativo de 1,25 para a inflação. Em segundo lugar, os resultados para a inflação mostram MSFEs relativos mais exactos para o período total do que para o PIB real, onde apenas durante a recessão (amostra II) os erros de previsão são relativamente maiores. No entanto, no caso do PIB real, as variáveis que prevêem bem antes da recessão, estimam mal no período após a recessão e vice-versa, indicando a instabilidade do modelo para o PIB real.

Em resumo, os resultados do quadro 5.11 mostram que a inflação é relativamente consistente, especialmente no período anterior e posterior à recessão. No entanto, para o PIB real, este não é o caso, uma vez que cada período tem flutuações nas MSFEs relativas. É de notar que a categoria de regressão stepwise prevê o crescimento da inflação com maior exatidão para todo o período. Em termos de melhoria, quando são incluídas variáveis exógenas, o quadro C.2 do Apêndice C indica que os erros de previsão são reduzidos. Em geral, a inclusão dos principais parceiros comerciais reduz os erros de previsão, principalmente no que respeita ao PIB real. A inclusão de variáveis exógenas ajuda a melhorar as MSFE relativas e também a reduzir os valores extremos. Por exemplo, na amostra III, os BVAR com variáveis exógenas são reduzidos numa média de 12%, em comparação com os modelos BVAR normais. No entanto, nem todas as variáveis indicam um

Quadro 5.11: Períodos da subamostra para o PIB real e a inflação com VAR bayesiano utilizando a inclusão dos principais parceiros comerciais da Suíça como variáveis exógenas.

PIB real	Amostra I	Amostra II	Amostra III
Preços dos activos Variáveis	*0.826*	1.067	1.072
Variáveis dos preços dos activos não monetários	*0.899*	1.104	1.234
Melhores variáveis (GC)	1.069	*0.914*	*0.790*
Melhores variáveis (SR)	1.167	*0.897*	*0.788*

Inflação	Amostra I	Amostra II	Amostra III
Preços dos activos Variáveis	*0.953*	1.056	*0.861*

Variáveis dos preços dos activos não monetários	*0.936*	1.248	*0.917*
Melhores variáveis (GC)	*0.807*	1.080	*0.723*
Melhores variáveis (SR)	*0.749*	*0.813*	*0.909*

Notas: Os resultados em itálico indicam um modelo que supera o modelo de referência (AR). O horizonte é assumido como sendo de quatro trimestres à frente (h=4). O Período I representa 2000T1 a 2007T4, 2008T1 a 2009T4 do Período II e 2010T a 2014T1 do Período III. Os valores a negrito representam os modelos que superam o modelo de referência nos três períodos. Assim, incluindo as previsões de crescimento do PIB real e da inflação, uma média de 65% dos valores apresenta uma melhoria quando são incluídas variáveis exógenas.

Para complementar a análise da previsão, mas também para demonstrar que os preços dos activos são úteis na previsão do crescimento real do PIB e da inflação, seria adequado observar a previsão real num gráfico e compará-los. Para o efeito, as figuras 5.1 e 5.2 representam as observações reais e previstas para o PIB real e a inflação. Após todos os diferentes cálculos de previsão que foram efectuados, as observações podem ser transformadas em termos de valor, para analisar e observar as quatro categorias diferentes. Mais precisamente, foi efectuado um processo inverso de logaritmo para o PIB real e a inflação. Em primeiro lugar, para o caso do PIB real, os resultados são interessantes, principalmente para a categoria de causalidade de Granger. Foi discutido que este conjunto de variáveis produz os melhores MSFEs relativos, de acordo com a tabela 5.8. No entanto, na figura 5.1, parece que o conjunto de previsões de variáveis da regressão por etapas é mais exato, uma vez que segue mais frequentemente o valor real do PIB real. Este facto demonstra simplesmente a fraca estimativa da categoria de causalidade de Granger no início do período de previsão e um desempenho muito bom após 2007. Reflecte também os resultados do quadro 5.11, onde as MSFE relativas são, nas amostras I e III, 1,167 e 0,788, respetivamente. O desempenho de todas as variáveis de activos e não activos está incluído no Apêndice C, figura C.3, e mostra uma previsão relativamente superior antes da crise de crédito, mas menos precisa após 2008. Além disso, a Figura 5.1 confirma a instabilidade da estimativa do Produto Interno Bruto real suíço.

Figura 5.1 Observações efectivas e previsões para o PIB real, incluindo as duas categorias de causalidade de Granger e regressão gradual

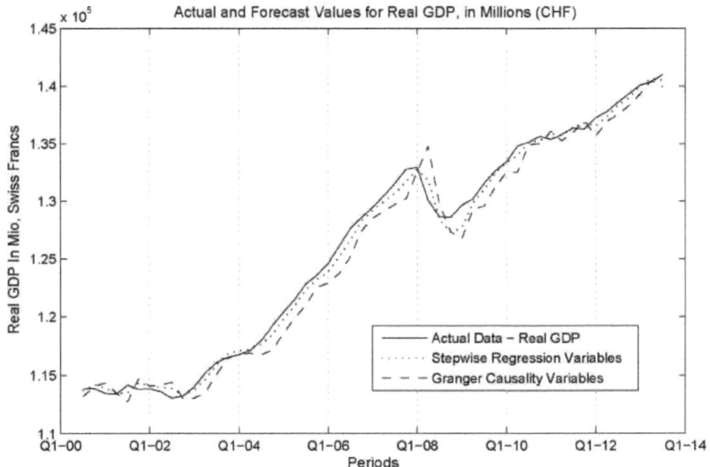

Em segundo lugar, no caso da inflação, os valores efectivos e previstos são apresentados na figura 5.2, que inclui as categorias de regressão gradual e de causalidade de Granger. De acordo com o resultado da tabela 5.8, a categoria de regressão gradual, que inclui o consumo total, as taxas de juro overnight e os seus termos reais, produz os melhores MSFEs relativos para todo o período. Este facto pode ser confirmado pelo gráfico, uma vez que a previsão para a categoria de regressão gradual é muito precisa em comparação com os dados reais, especialmente quando ocorreu a crise de crédito. O grupo de causalidade de Granger estima a inflação com menos precisão do que a regressão por etapas e pode ser observado na figura, principalmente no final do período de 2008. Outras categorias, como o conjunto de variáveis de preços de activos e preços de não activos, também demonstram muitas flutuações, principalmente entre o período de 2008 e 2010.

Figura 5/2 Observações efectivas e previsões para o índice de preços no consumidor, incluindo as duas categorias de causalidade de Granger e regressão por etapas

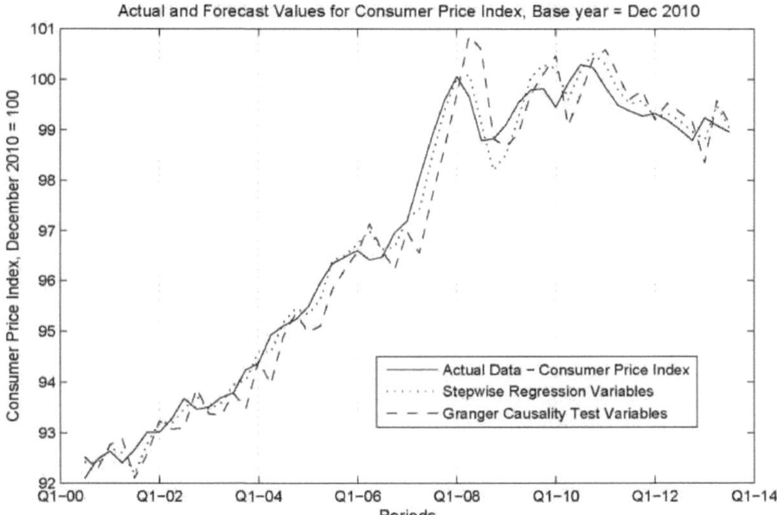

Além disso, as simulações mostram que as previsões óptimas são obtidas a partir de um conjunto de quatro a seis variáveis na maioria dos casos. A adição de mais variáveis aumenta o erro de previsão, por vezes de forma significativa. Em geral, as previsões superiores são produzidas por um pequeno conjunto de variáveis; que são as categorias de causalidade de Granger e regressão stepwise. Estes resultados também foram observados no trabalho de Lack (2006), indicando que, quase sem excepções, a exclusão de preditores melhora a previsão. Em vez disso, um grande número de variáveis no conjunto acrescenta ruído adicional à previsão e, por conseguinte, aumenta o erro de previsão. Assim, pequenos conjuntos de variáveis, como a causalidade de Granger e a regressão stepwise, produzem melhores previsões em geral.

Conclusão

"Se puderes olhar para as sementes do tempo e dizer qual o grão que cresterá e qual o que não crescerá, fala-me então."

- Shakespeare

Este capítulo resume as principais conclusões da presente tese, apresenta as limitações do estudo e fornece sugestões úteis para investigação futura.

A previsão é considerada como o fator mais importante para os gestores no processo de tomada de decisões. Os empregadores e os gestores tomam diariamente uma série de decisões, como o planeamento financeiro, o orçamento de capital, a determinação da estratégia de preços, entre outras. Por conseguinte, um gestor bem planeado deve ter, pelo menos, um conhecimento geral sobre a forma como as previsões são feitas e como os dados são interpretados. Os resultados deste trabalho levam-nos a diferentes conclusões.

1. *Nos modelos de previsão de variáveis individuais, alguns factores de previsão têm-se revelado úteis na previsão do crescimento real do PIB e da inflação.* A secção 5.1 mostra principalmente que as variáveis relativas aos preços dos activos produzem previsões mais exactas. Ao calcular um modelo autoregressivo com desfasamento distribuído, muitos indicadores estimam o crescimento real do PIB e da inflação com maior precisão do que o valor de referência, principalmente as variáveis relativas aos preços dos activos. Por exemplo, as taxas Lombard e as taxas overnight foram variáveis úteis para prever a inflação.

2. *Seguindo a abordagem de Sims (1980b) e Litterman (1986), os modelos VAR bayesianos produzem previsões relativamente boas, especialmente no caso da inflação.* A previsão com modelos BVAR reduz os erros de previsão relativos ao quadrado médio, sendo que, nalguns horizontes e categorias, as previsões melhoram 20% em relação ao valor de referência. A estimativa do crescimento real do PIB não é tão exacta como a previsão da inflação.

As MSFE relativas para a inflação são ligeiramente superiores às do PIB real. Os resultados também indicam que, embora os preços dos activos sejam mais úteis para prever a inflação, continuam a desempenhar um papel importante na estimativa do crescimento do PIB real em diferentes períodos.

3. *A inclusão dos cinco principais parceiros comerciais da Suíça como variáveis exógenas nos modelos VAR bayesianos melhora consideravelmente os erros de previsão, principalmente para o PIB real.* Ao adicionar novas variáveis aos modelos BVAR, os MSFEs relativos são reduzidos ainda mais, especialmente para o PIB real, uma vez que os modelos se tornam superiores a um simples processo AR. Os rácios de sucesso também indicam uma melhoria notável com a inclusão de cinco parceiros comerciais importantes como variáveis exógenas. Os modelos BVAR são bem sucedidos ao longo de todo o período na maioria dos casos. Além disso, ao incluir a categoria de variáveis de regressão gradual, que contém o consumo total, as taxas overnight e os seus termos reais, os erros de previsão da inflação são reduzidos em toda a amostra. No caso do crescimento real do PIB, verificou-se que determinados preços de activos produzem previsões superiores, incluindo a inflação, as taxas de câmbio nominais e reais, o índice de produção industrial, as taxas de câmbio efectivas nominais e os indicadores da massa monetária real (M3 real).

5. *Os modelos VAR bayesianos que incluem variáveis de activos, prevêem mais eficientemente do que os que não incluem variáveis de activos, principalmente com pequenos conjuntos de variáveis.* Estes resultados estão em linha com vários trabalhos da literatura, principalmente de acordo com Stock e Watson (2003). À semelhança de Gupta e Hartley (2013), conjuntos de variáveis mais pequenos produzem melhores previsões. Por exemplo, a seleção de categorias utilizando a regressão stepwise produz uma melhor estimativa e contém apenas quatro variáveis para a inflação e o PIB real.

Uma arte mais do que uma ciência

Regressando à introdução que foi incluída em cada capítulo e, principalmente, na secção de conclusão de Shakespeare, o presente documento pode chegar à seguinte conclusão. A previsão de acontecimentos económicos futuros continua a ser uma tarefa difícil, uma das principais razões é que os modelos económicos não conseguem captar choques estocásticos inesperados, como guerras, catástrofes naturais, crises políticas, entre outros. Estes choques surgem normalmente sem sinais de aviso prévio, pelo que a maioria dos modelos económicos é incapaz de captar toda a informação relevante durante esses períodos. Além disso, com um choque económico, como a crise de crédito que ocorreu globalmente após 2007, os modelos de previsão são difíceis de avaliar e um previsor deve tratar um modelo económico como uma arte. Como afirmou Paul Samuelson, *"a economia nunca foi uma ciência - e é-o ainda menos agora do que há alguns anos"*, o que explica claramente a dificuldade de estimar acontecimentos futuros.

No entanto, as abordagens económicas continuam a ser relevantes para a tomada de decisões vitais, uma vez que produzem boas estimativas. Este facto foi amplamente sugerido no presente documento, uma vez que os modelos VAR bayesianos são estimativas mais robustas para prever o crescimento real do PIB e da inflação. No entanto, remetendo para a citação de Shakespeare no início deste capítulo, esta indica que, se não se pode prever qual o grão que irá crescer, é sensato não selecionar uma única semente, mas plantá-las todas. Este estudo e o número substancial de publicações sobre previsões combinadas demonstram que é mais adequado utilizar mais do que um único método. As estimativas do Banco Nacional Suíço baseiam-se, de facto, em vários modelos de inflação, e os resultados desta dissertação ajudam a sustentar esta abordagem pluralista.

Para além de utilizarem métodos estatísticos ou econométricos, os analistas profissionais podem recorrer a outras abordagens, incluindo cenários hipotéticos para ajudar a estimar observações futuras de variáveis económicas. Algumas abordagens, como o artigo de Huwiler e Kaufmann (2013), incluem um modelo baseado em dados desagregados do IPC e outro estudo de Cuche-Curti *et al.* (2009), utiliza um equilíbrio geral estocástico dinâmico para a Suíça (DSGE-CH). Dada a natureza complexa de tais modelos, o presente documento não investigará os métodos, mas encorajará a continuação da investigação sobre este tema fascinante e extremamente interessante da previsão.

Bibliografia

Alessandrini, F., 2003. *Do Financial Variables Provide Information about the Swiss Business Cycle?* Ecole des HEC/DEEP.

Ang, A., Piazzesi, M., Wei, M., 2006. O que é que a curva de rendimentos nos diz sobre o crescimento do PIB? *Journal of Econometrics*, 131 (1); 359-403.

Artis, M.J., Zhang, W., 1990. Previsões BVAR para o G-7. *International Journal of Forecasting*, 6 (3); 349-362.

Assenmacher-Vesche, K., Pesaran, H., 2008. Previsão da economia suíça utilizando modelos VECX*: An Exercise in Forecast Combination Across Models and Observation Windows (Um exercício de combinação de previsões entre modelos e janelas de observação). *Estudos Económicos do Banco Nacional Suíço.*

Assenmacher-Vesche, K., Pesaran, H., 2009. Um modelo VECX* da economia suíça. *Estudos Económicos do Banco Nacional Suíço.*

Auer, S., 2014. Choques de política monetária e rendimentos do investimento estrangeiro: Evidence from a large Baysian VAR. *Estudos Económicos do Banco Nacional Suíço.*

Banbura, M., Giannone, D., Reichlin, L., 2010. Large Bayesian Vetor Auto Regressions. *Journal of Applied Econometrics*, 25 (1); pp. 71-92.

Banerjee, A., Marcellino, M.G., Masten, I., 2005. Previsão de variáveis macroeconómicas para os novos Estados-Membros da União Europeia. *Série de Documentos de Trabalho do Banco Central Europeu.*

Bernanke, B.S., Boivin, J., Eliasz, P., 2005. Measuring the Effects of Monetary Policy: A Fator-Augmented Vetor Autoregressive (FAVAR) Approach. *The Quarterly Journal of Economics*, 120 (1); pp. 387-422.

Brooks, C., 2014. *Introductory Econometrics for Finance.* Cambridge University Press.

Chen, N.F., 1991. Financial Investment Opportunities and the Macroeconomy. *The Journal of Finance*, 46 (2); pp. 529-554.

C.I.A., 2014. The World Factbook - Suíça. URL https://www.cia.gov/index. html.

Ciccarelli, M., Rebucci, A., 2003. Bayesian VARs: A Survey of the Recent Literature with an Application to the European Monetary System.

Cuche-Curti, N.A., Dellas, H., Natal, J.M., 2009. Um modelo dinâmico estocástico de equilíbrio geral para a Suíça. *Estudos Económicos do Banco Nacional Suíço.*

Diebold, F.X., Mariano, R.S., 1995. Comparing Predictive Accuracy. *Journal of Business & Economic Statistics*, 13 (3); 253-263.

Doan, T., Litterman, R., Sims, C., 1984. Previsão e projeção condicional utilizando distribuições prévias realistas. *Econometric Reviews*, 3 (1); 1-100.

Elliott, G., Rothenberg, T.J., Stock, J.H., 1992. Efficient tests for an Autoregressive Unit Root. *National Bureau of Economic Research*, 130.

Espinoza, R., Fornari, F., Lombardi, M.J., 2012. O papel das variáveis financeiras na previsão da atividade económica. *Journal of Forecasting*, 31 (1); 15-46.

Franses, P.H., Van Homelen, P., 1998. Previsão das taxas de câmbio através de redes neurais. *Applied Financial Economics*, 8 (6); 589-596.

Garratt, A., Lee, K., Hashem Pesaran, M., Shin, Y., 2003. A Long run structural macroeconometric model of the UK*. *The Economic Journal*, 113 (487); 412-455.

Giannone, D., Lenza, M., Primiceri, G.E., 2012. Seleção prévia para Autoregressões Vectoriais. *Série de Documentos de Trabalho do Banco Central Europeu*, 1494.

Giovanni, P.O., 2002. Switzerland's Approach Switzerland's Approach to Monetary Policy. *New England Economic Review.*

Granger, C.W.J., 1969. Investigating Causal Relations by Econometric Models and Cross- spectral Methods. *Econometrica*, 37 (3); pp. 424-438.

Guidolin, M., Hyde, S., McMillan, D., Ono, S., 2009. Previsibilidade não linear nos retornos das acções e das obrigações: Quando e onde é que pode ser explorada? *International Journal of Forecasting*, 25 (2); 373-399.

Gupta, R., Hartley, F., 2013. O papel dos preços dos activos na previsão da inflação e do produto na África do Sul. *Journal of Emerging Market Finance*, 12 (3); 239-291.

Hanke, J.E., Reitsch, A.G., Wichern, D.W., 2001. *Business Forecasting.* Prentice Hall Upper Saddle River, NJ.

Hsu, P.H., Wang, C.H., Shyu, J.Z., Yu, H.C., 2003. Uma abordagem Litterman BVAR para a previsão da produção de indústrias tecnológicas. *Technological Forecasting and Social Change*, 70 (1); 67-82.

Huwiler, M., Kaufmann, D., 2013. Combinação de previsões desagregadas para a inflação: O modelo ARIMA do SNB. *Estudos Económicos do Banco Nacional Suíço.*

Ibisevic, S., 2011. Previsão dinâmica agrupada: Combinação de previsões individuais e regressão de componentes principais.

Jordan, J.T., Savioz, R.M., 2003. Faz sentido combinar previsões de modelos VAR?

Karlsson, S., 2012. Forecasting with Bayesian vetor autoregressions. *preparado para o Handbook of Economic Forecasting*, 2.

Koop, G., 2013. Forecasting with Medium and Large Bayesian VARs. *Journal of Applied Econometrics*, 2; 177-203.

Lack, C., 2006. Previsão da inflação suíça utilizando modelos VAR. *Estudos Económicos do Banco Nacional Suíço*, 2.

Leeper, E.M., Sims, C.A., Zha, T., Hall, R.E., Bernanke, B.S., 1996. What does monetary policy do? *Brookings papers on economic activity*, pp. 1-78.

LeSage, J.P., 1998. Applied econometrics using MATLAB. *Manuscrito, Departamento de Economia, Universidade de Toronto.*

Litterman, R.B., 1986. Previsão com Autoregressões Vectoriais Bayesianas: Five Years of Experience. *Journal of Business & Economic Statistics*, 4 (1); pp. 25-38.

Natal, J.M., 2003. Previsão do PIB trimestral da Suíça: Um modelo VAR Bayesiano. Mimeo.

Robertson, J.C., Tallman, E.W., 1999. Autoregressões vectoriais: Forecasting and Reality (Previsão e Realidade). *Economic Review*, (Q1); 4-18.

Ruoss, E., Savioz, M., 2002. Qual o grau de exatidão das previsões do PIB? Um estudo empírico para a Suíça.

Sims, C.A., 1980a. Comparison of Interwar and Postwar Business Cycles: Monetarism Reconsidered. *The American Economic Review*, 70 (2); pp. 250-257.

Sims, C.A., 1980b. Macroeconomia e realidade. *Econometrica: Journal of the Econometric Society*, pp. 1-48.

Stock, J.H., Watson, M.W., 2001. Autoregressões vectoriais. *Journal of Economic perspectives*, pp. 101-115.

Stock, J.H., Watson, M.W., 2003. Forecasting Output and Inflation: The Role of Asset Prices. *Journal of Economic Literature*, 41 (3); 788-829.

Stock, J.H., Watson, M.W., 2004. Previsões combinadas do crescimento do produto num conjunto de dados de sete países. *Journal of Forecasting*, 23 (6); 405-430.

Stundziene, A., 2014. Previsão do PIB da Lituânia: Are Regression Models or Time Series Models Better? *ECONOMICSANDMANAGEMENT*, 18 (4); 721-734.

Theil, H., 1961. Economic forecasts and policy. *North-Holland Pub. Co.*

Wallis, K.F., 1974. Ajustamento sazonal e relações entre variáveis. *Journal of the American Statistical Association*, 69 (345); 18-31.

Zheng, I.Y., Rossiter, J., 2006. *Using monthly indicators to predict quarterly GDP*. Banco do Canadá.

Apêndice A

Quadro A.1: Este quadro inclui todas as variáveis que serão utilizadas neste estudo. Os cálculos em termos reais são apresentados na última coluna.

Mnemónica	*Descrição*	*Fontes*
Variáveis económicas		
rgdp	Produto Interno Bruto Real	SECO.admin.ch
dgdp	Deflator do PIB	SECO.admin.ch
tcon	Consumo total	SECO.admin.ch
rtcon	Consumo total real	SECO.admin.ch
cpi	Índice de Preços no Consumidor	Estatísticas da OCDE
infl	Inflação do IPC	Estatísticas da OCDE
ppi	Índice de Preços no Produtor	Dados financeiros globais
ipi	Índice de Produção Industrial	Dados financeiros globais
repi	Índice de Preços Imobiliários	Dados financeiros globais
Preços dos activos		
ovir	Taxa de juro overnight	Dados financeiros globais
stgbi	Efeitos públicos de curto prazo (3 milhões)	Dados financeiros globais
stgb	Obrigações do Tesouro de curto prazo (1 ano)	Dados financeiros globais

mtgb	Obrigações do Tesouro a médio prazo (5 anos)	Dados financeiros globais
ltgb	Obrigações do Tesouro a longo prazo (10 anos)	Dados financeiros globais
lr	Taxa Lombard	Dados financeiros globais
espalhar	Diferencial de prazo	Dados financeiros globais
rovir	Taxa de juro real overnight	ovir-inf
rstgbi	Efeitos reais de curto prazo do Estado (3 milhões)	stgbi-inf
rstgb	Obrigações do Tesouro reais de curto prazo (1 ano)	stgb-inf
rmtgb	Obrigações do Tesouro reais de médio prazo (5 anos)	mtgb-inf
rltgb	Obrigações do Estado reais de longo prazo (10 anos)	ltgb-inf
rlr	Taxa real Lombard	lr-inf
exr	Taxa de câmbio nominal	Dados financeiros globais
rexr	Taxa de câmbio real	Dados financeiros globais
neer	Taxa de câmbio efectiva nominal	Bloomberg
preço g	Preço do ouro em CHF	Bloomberg
sprice	Preço da prata em CHF	Bloomberg
preço	Petróleo Preço da mercadoria em CHF	Bloomberg
smi	Índice da Bolsa de Valores da Suíça (SNB antes de 1988)	Dados financeiros globais

msci	Desempenho do MSCI Suíça	MSCI
exrus	Taxa de câmbio US	Bloomberg

Dinheiro

m0	M0, Base Monetária	Banco Nacional Suíço
m1	M1	Banco Nacional Suíço
m2	M2	Banco Nacional Suíço
m3	M3	Banco Nacional Suíço
rm0	Dinheiro real: M0	M0/CPI*100
rm1	Dinheiro real: M1	M1/CPI*100
rm2	Dinheiro real: M2	M2/CPI*100
rm3	Dinheiro real: M3	M3/CPI*100

Apêndice B

Quadro B.1: O teste ADF é efectuado com tendência linear e interceção e o valor crítico do nível de 5% é -3,443. * denota variáveis que são estacionárias e, por conseguinte, não existe raiz unitária. t denota variáveis que precisam de ser diferenciadas duas vezes.

Variáveis	T-stat	Valor P
PIB real	-2.30	0.43
Deflator do PIB	-1.74	0.73
Consumo total	-1.92	0.64
Consumo total real	-1.22	0.90

Variáveis	T-stat	Valor P
Índice de Preços no Consumidor	-0.72	0.97
Inflação do IPC	-3.40	0.06
Índice de Preços no Produtor	-2.33	0.41
Produtos industriais Índice	-3.06	0.12
Índice de Preços Imobiliários	-3.27	0.08t
Taxa de juro overnight	-3.90	0.01*
Facturas a curto prazo	-3.14	0.10
Obrigações de curto prazo	-3.07	0.12
Obrigações de médio prazo	-2.78	0.21
Obrigações a longo prazo	-3.02	0.13
Taxa Lombard	-3.65	0.03*
Diferencial de prazo	-4.94	0.00*
Taxa real overnight	-4.08	0.01*
Facturas reais de curto prazo	-2.50	0.33
Obrigações reais de curto prazo	-2.71	0.24
Obrigações reais a médio prazo	-2.06	0.56

Variáveis	T-stat	Valor P
Obrigações reais de longo prazo	-1.84	0.68

Variáveis	T-stat	Valor P
Taxa real Lombard	-2.57	0.29
Taxa de câmbio nominal	-11.05	0.00*
Taxa de câmbio real	-11.75	0.00*
NEER	-1.48	0.83
Preço do ouro em CHF	-1.86	0.67
Preço da prata em CHF	-0.79	0.96
Preço do petróleo Com em CHF	-2.29	0.44
Bolsa de Valores da Suíça	-2.73	0.22
MSCI Suíça	-3.01	0.13
Taxa de câmbio US	-3.07	0.12
M0, Base Monetária	6.33	1.00t
M1	-0.32	0.99
M2	-1.06	0.93
M3	1.47	0.99
Dinheiro real: M0	4.47	0.99t
Dinheiro real: M1	-0.44	0.99
Dinheiro real: M2	-1.32	0.88

Variáveis	T-stat	Valor P
Dinheiro real: M3	0.61	1.00

Tabela B.2: Esta tabela inclui todas as diferentes transformações que foram efectuadas antes de calcular os modelos de previsão. O * representa dados com observações insuficientes e que não serão utilizados nas previsões dos modelos combinados. *M* indica que os dados originais são mensais, *Q* indica dados trimestrais.

Variáveis	Transformações do período de amostragem
PIB real Deflator do PIB Consumo total Consumo total real Índice de Preços no Consumidor IPC Inflação Índice de Preços no Produtor Índice de Preços na Produção Industrial Índice de Preços Imobiliários Ind.	1980T1 - 2014T1 Registada e com 1.ª diferença 1980T1 - 2014T1 Registada e com 1.ª diferença 1980T1 - 2014T1 Registada e com 1.ª diferença 1980T1 - 2014T1 Registada e com 1.ª diferença 1980M1 - 2014M4 Ajustado sazonalmente, registado e com a primeira diferença 1980M1 - 2014M4 Ajustado sazonalmente, nível e 1ª diferença 1980M1 - 2014M4 Ajustado sazonalmente, registado e com a primeira diferença 1980M1 - 2014M4 Ajustado sazonalmente, registado e com a primeira diferença 1980M1 - 2014M4 Ajustado sazonalmente, registado e com a primeira diferença
Taxa de juro overnight Efeitos de curto prazo Obrigações de curto prazo* Obrigações de médio prazo* Obrigações de longo prazo Taxa Lombard Diferencial de prazo	1980M1 - 2014M4 Ajustado à sazonalidade , nível 1980M1 - 2014M4 Ajustado à sazonalidade , nível e primeiro diferencial 1988M1 - 2014M4 Ajustado à sazonalidade , nível e primeiro diferencial 1984M2 - 2014M4 Ajustado à sazonalidade , nível e 1.º diferencial 1980M1 - 2014M4 Ajustado à sazonalidade , nível e primeiro diferencial 1980M1 - 2014M4 Ajustado à sazonalidade , nível 1980M1 - 2014M4 Ajustado à sazonalidade , nível
Taxa overnight real Efeitos de curto prazo reais Obrigações de curto prazo reais Obrigações de médio prazo reais Obrigações de longo prazo reais Taxa Lombard Taxa de câmbio nominal Taxa de câmbio real NEER	1980M1 - 2014M4 Ajustado sazonalmente, nível 1980M1 - 2014M4 Ajustado sazonalmente, nível e 1ª diferença 1988M1 - 2014M4 Ajustado sazonalmente, nível e 1ª diferença 1984M2 - 2014M4 Ajustado sazonalmente, nível e 1ª diferença 1980M1 - 2014M4 Ajustado sazonalmente, nível e 1ª diferença 1980M1 - 2014M4 Ajustado sazonalmente, nível e 1ª diferença 1980M1 - 2014M4 Ajustado sazonalmente, nível 1980M1 - 2014M4 Ajustado sazonalmente, nível 1980M1 - 2014M4 Ajustado sazonalmente, registado e com a primeira diferença

	1980M1 - 2014M4 Ajustado sazonalmente, registado e com a primeira diferença
	1980M1 - 2014M4 Ajustado sazonalmente, registado e com a primeira diferença
Preço do ouro em CHF	
Preço da prata em CHF	1980M1 - 2014M4 Ajustado sazonalmente, registado e com a primeira diferença
Preço do petróleo em CHF Mercado de acções suíço MSCI Switzerland	1980M1 - 2014M4 Ajustado sazonalmente, registado e com a primeira diferença
Taxa de câmbio US	1980M1 - 2014M4 Ajustado sazonalmente, registado e com a primeira diferença
	1980M1 - 2014M4 Ajustado sazonalmente, registado e com a primeira diferença

	1980M1 - 2014M4 Ajustado sazonalmente, registado e com a primeira diferença
	1980M1 - 2014M4 Ajustado sazonalmente, registado e com a primeira diferença
M0, Base Monetária M1	1980M1 - 2014M4 Ajustado sazonalmente, registado e com a primeira diferença
M2 M3	1980M1 - 2014M4 Ajustado sazonalmente, registado e com a primeira diferença
Dinheiro real: M0	1980M1 - 2014M4 Ajustado sazonalmente, registado e com a primeira diferença
Dinheiro real: M1	1980M1 - 2014M4 Ajustado sazonalmente, registado e com a primeira diferença
Dinheiro real: M2 Dinheiro real: M3	1980M1 - 2014M4 Ajustado sazonalmente, registado e com a primeira diferença
	1980M1 - 2014M4 Ajustado sazonalmente, registado e com a primeira diferença

Tabela B.3: Todas as estatísticas de síntese são apresentadas nesta tabela, incluindo o número total de observações (*Obs*), a média, a mediana e o desvio padrão (*St. Dev*), bem como o seu valor mínimo (*Min*) e máximo (*Max*), e o seu valor de assimetria e curtose.

Variáveis	Obs	Média	Mediana	St. Dev	Mínimo	Máximo	Skewness	Curtose
rgdp	135	0.0041	0.0046	0.0060	-0.0219	0.0193	-0.6564	4.8872
dgdp	135	0.0046	0.0036	0.0051	-0.0051	0.0224	1.0321	4.1106
tcon	135	0.0084	0.0074	0.0061	-0.0067	0.0244	0.3794	2.7999
rtcon	135	0.0040	0.0042	0.0039	-0.0086	0.0134	-0.3528	3.0853
cpi	135	0.0045	0.0037	0.0055	-0.0087	0.0242	0.9352	4.0703
infl	135	0.0000	0.0000	0.0021	-0.0072	0.0058	-0.2837	4.0589
ppi	135	0.0013	0.0014	0.0073	-0.0475	0.0186	-2.2888	17.2900

ipi	135	0.0196	0.0349	0.0985	-0.3547	0.2553	-1.4428	6.5223
repi	135	-0.0003	-0.0006	0.0120	-0.0519	0.0394	0.0246	7.0230
ovir	135	0.0269	0.0161	0.0316	-0.0020	0.1664	1.9564	7.1951
stgbi	135	-0.0004	-0.0004	0.0059	-0.0303	0.0191	-0.5737	8.7869
stgb	104	-0.0002	-0.0002	0.0044	-0.0151	0.0117	-0.2315	4.5130
mtgb	120	-0.0003	-0.0005	0.0031	-0.0080	0.0075	0.0807	2.9856
lgb	135	-0.0003	-0.0003	0.0028	-0.0084	0.0076	0.0580	3.2538
lr	135	0.0453	0.0421	0.0271	0.0043	0.1130	0.4766	2.9227
espalhar	135	0.0101	0.0150	0.0245	-0.1199	0.0484	-2.7174	13.5230
rovir	135	0.0254	0.0147	0.0305	-0.0021	0.1628	2.0204	7.6662
rstgbi	135	-0.0004	-0.0001	0.0063	-0.0371	0.0235	-1.0424	12.3970
rstgb	135	0.0000	-0.0001	0.0046	-0.0177	0.0244	0.8775	9.3210
rmtgb	135	0.0000	-0.0004	0.0043	-0.0090	0.0270	2.3212	15.1954
rltgb	135	-0.0003	-0.0003	0.0031	-0.0100	0.0129	0.3556	5.0321
rlr	135	-0.0002	-0.0004	0.0055	-0.0172	0.0236	0.7156	6.9096
exr	135	0.0016	0.0007	0.0080	-0.0219	0.0268	0.5444	4.3238
rexr	135	0.0005	-0.0003	0.0078	-0.0204	0.0287	0.5514	4.3901
nêspera	135	0.0045	0.0000	0.0215	-0.0541	0.0854	0.4907	4.2830
preço g	135	0.0056	-0.0021	0.0585	-0.1378	0.1416	0.2003	2.8901
sprice	135	0.0014	-0.0057	0.1082	-0.3452	0.3224	0.0041	4.0209
preço	135	0.0053	0.0012	0.0856	-0.4394	0.3299	-0.3778	8.6247

smi	135	0.0160	0.0270	0.0731	-0.3354	0.1629	-1.3164	6.6576
msci	135	0.0230	0.0303	0.0762	-0.2402	0.2265	-0.4262	4.0075
exrus	135	-0.0046	0.0000	0.0507	-0.1308	0.1265	-0.1450	2.7560
m0	135	0.0009	0.0015	0.1040	-0.4910	0.7183	1.2439	24.1125
m1	135	0.0103	0.0084	0.0352	-0.0538	0.1933	2.1139	11.3205
m2	135	0.0163	0.0129	0.0411	-0.0530	0.3145	4.0346	27.0468
m3	135	0.0113	0.0119	0.0090	-0.0110	0.0320	-0.0566	2.4566
rm0	135	0.0010	0.0016	0.1048	-0.4862	0.7231	1.2774	23.8593
rm1	135	0.0058	0.0046	0.0384	-0.0653	0.2027	1.9195	10.4704
rm2	135	0.0118	0.0090	0.0417	-0.0608	0.2980	3.6198	23.0539
rm3	135	0.0068	0.0086	0.0116	-0.0169	0.0329	-0.0219	2.1891

Apêndice C

Quadro C.1: Resultados relativos MSFE das previsões combinadas para o PIB real e a inflação. A seleção de variáveis utilizando a causalidade de Granger é denotada como GC enquanto SR corresponde à regressão stepwise.

	PIB		IPC	
Média	h=1	h=12	h=1	h=12
Todas as variáveis de preços de activos	1.129	1.130	1.317	1.122
Todas as variáveis dos preços dos activos não incluídos	1.141	1.144	1.342	1.152
Melhores variáveis (GC)	1.095	1.065	1.207	1.075
Melhores variáveis (SR)	1.094	1.095	1.128	1.074
Mediana	h=1	h=12	h=1	h=12

	BVAR	BVAR(x)	BVAR	BVAR(x)
Todas as variáveis de preços de activos	1.154	1.155	1.439	1.141
Todas as variáveis dos preços dos activos não incluídos no ativo	1.175	1.185	1.425	1.137
Melhores variáveis (GC)	1.159	1.144	1.380	1.115
Melhores variáveis (SR)	1.108	1.109	1.170	1.109

MSFE atualizado ($5 = 0,9$)	h=1	h=12	h=1	h=12
Todas as variáveis de preços de activos	1.126	1.128	1.226	1.122
Todas as variáveis dos preços dos activos não incluídos	1.138	1.141	1.268	1.147
Melhores variáveis (GC)	1.095	1.120	1.091	1.079
Melhores variáveis (SR)	1.088	1.087	1.062	1.071

MSFE atualizado ($5 = 0,9$)	h=1	h=12	h=1	h=12
Todas as variáveis de preços de activos	1.121	1.128	1.245	1.118
Todas as variáveis dos preços dos activos não incluídos no ativo	1.134	1.141	1.275	1.135
Melhores variáveis (GC)	1.088	1.090	1.098	1.066
Melhores variáveis (SR)	1.081	1.089	1.082	1.064

Tabela C.2: Períodos da subamostra para o PIB real e a inflação com VAR bayesiano e inclusão ou não de variáveis exógenas. Os resultados em itálico indicam um modelo que supera o modelo de referência (AR). O horizonte é assumido como sendo de quatro trimestres à frente (h=4). O Período I representa 2000T1 a 2007T4, 2008T1 a 2009T4 do Período II e 2010T a 2014T1 para o Período III.

	BVAR	*BVAR(x)*	*BVAR*	*BVAR(x)*	*BVAR*	*BVAR(x)*
PIB real	Amostra I		Amostra II		Amostra III	
Preços dos activos Variáveis	*0.892*	*0.826*	1.037	1.067	1.268	1.072

	Amostra I		Amostra II		Amostra III	
Variáveis dos preços dos activos não monetários	*0.918*	*0.899*	*0.996*	1.104	1.430	1.234
Melhores variáveis (GC)	1.010	1.069	1.131	*0.914*	*0.902*	*0.790*
Melhores variáveis (SR)	1.161	1.167	1.164	*0.897*	*0.832*	*0.788*

IPC	Amostra I		Amostra II		Amostra III	
Preços dos activos Variáveis	*0.966*	*0.953*	1.090	1.056	*0.821*	*0.861*
Variáveis dos preços dos activos não monetários	*0.947*	*0.936*	1.482	1.248	*0.786*	*0.917*
Melhores variáveis (GC)	*0.777*	*0.807*	1.200	1.080	*0.541*	*0.723*
Melhores variáveis (SR)	*0.871*	*0.749*	1.248	*0.813*	*0.917*	*0.909*

Figura C.1: Um exemplo de estimativa Bayesiana com duas definições diferentes. Esta figura representa um exemplo de definição dos hiper-parâmetros. Por exemplo, assume-se que o conjunto de variáveis é a categoria de teste de causalidade de Granger para a inflação e implica $Y = 0$- 1, $w = 0,5$ constante. Apenas o decaimento do desfasamento é alterado, $d = 1 ord = 0,9$.

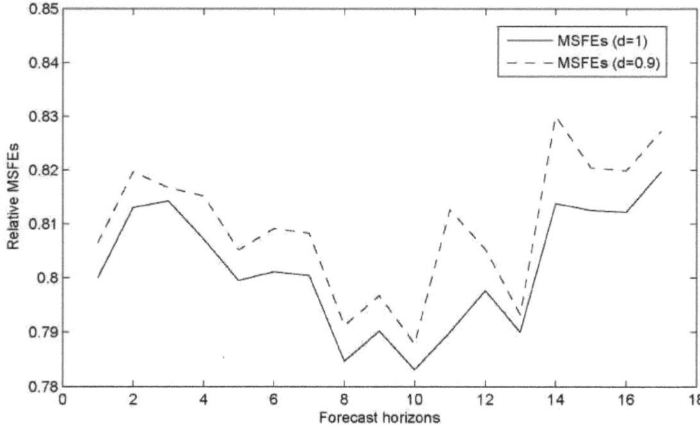

Figura C.2: Variação do crescimento efetivo e previsto do PIB real e do crescimento da inflação utilizando o método BVAR com variáveis exógenas. Apenas são apresentadas as categorias de regressão stepwise e as variáveis de causalidade de Granger. Horizontes=4.

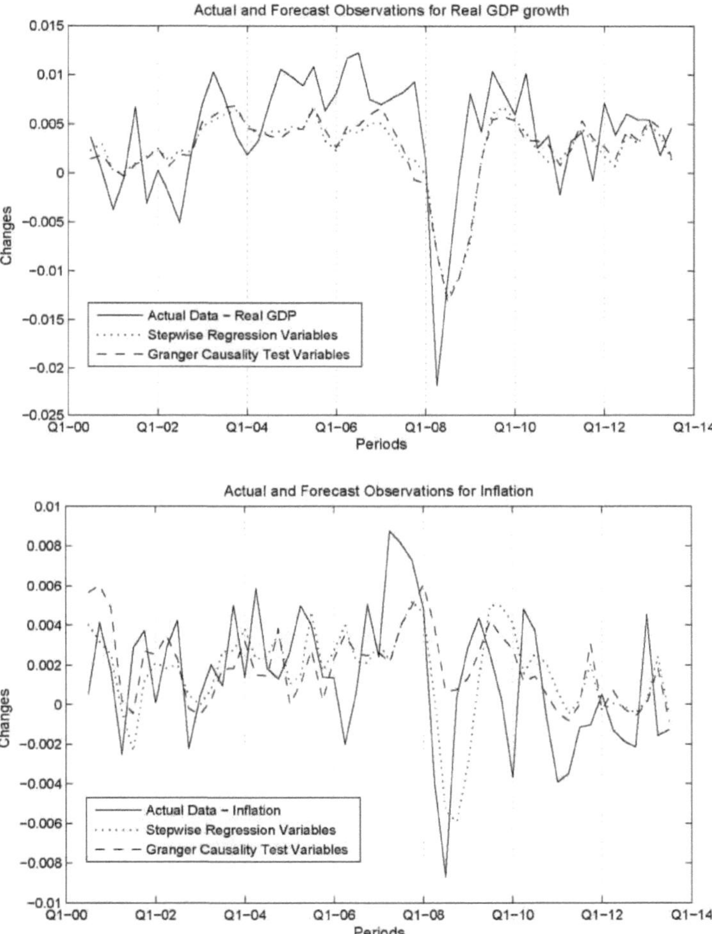

Figura C.3: Valores reais e previstos para o PIB real e a inflação utilizando o método BVAR com variáveis exógenas (categoria de variáveis activas e não activas). Horizontes=4.

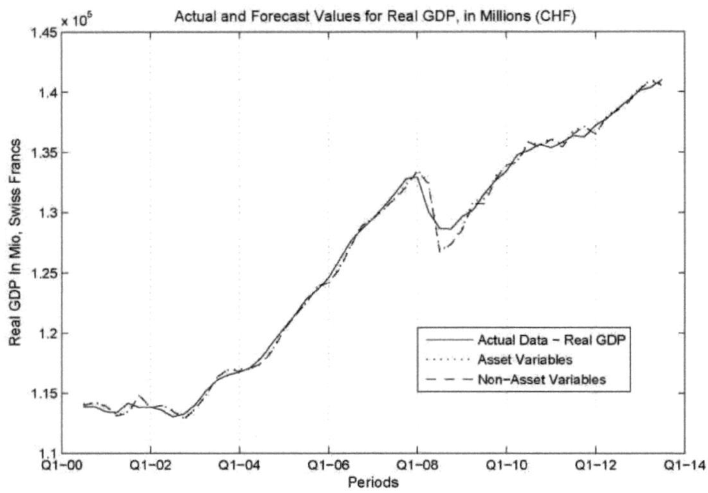

Actual and Forecast Values for Real GDP, in Millions (CHF)
x 10^5
Real GDP In Mio, Swiss Francs
Actual Data - Real GDP
Asset Variables
Non-Asset Variables
Periods

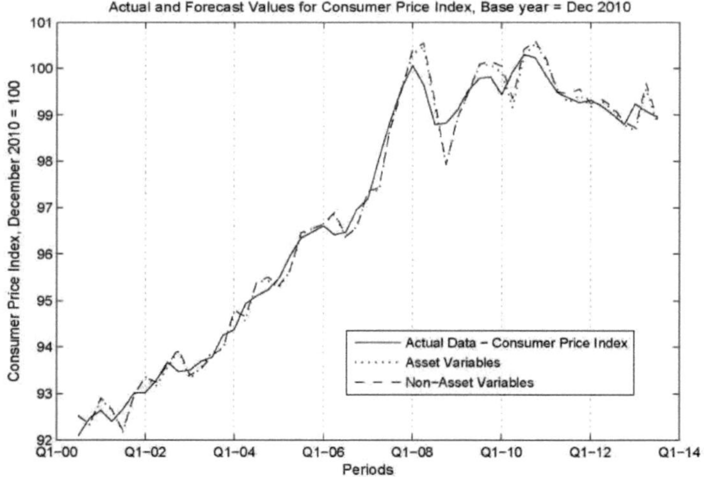

Actual and Forecast Values for Consumer Price Index, Base year = Dec 2010
Consumer Price Index, December 2010 = 100
Actual Data - Consumer Price Index
Asset Variables
Non-Asset Variables
Periods

Apêndice D

```
'Forecast Macro, using Asset Prices \\ BVAR using Matlab
'LR version 2.0

'mode:
mode quiet

'open the database from the file dissertation dropbox + fetch variables wanted
workfile benchmarkoutv1 q 1980q3 2014q1

'economic variables:
fetch thesis::rgdp
fetch thesis::dgdp
fetch thesis::tcon
fetch thesis::rtcon
etc...
'dependant variable:
%y = "rgdp"
'number of dependent variables"
!numberofvar=38

%x1 = "dgdp"
%x2= "tcon"
%x3 = "rtcon"
%x4 = "cpi"
%x5= "infl"
etc...

'number of step ahead
!step=1
'counter of loop for rmse
!rowcounter2=1
!rowcounter3=1
!rowcounter4=1

'group
group stepwise {%y} rtcon ppi dgdp smi
group granger {%y} cpi exr ipi neer rexr rm3
group allasset {%y} {%x9 } {%x10} {%11} {%12} {%x13} {%x14} {%x15} {%x16} {%x17} {%18} {%19} {%x20}
group allnonasset  {%y} {%x1} {%x2} {%x3} {%x4} {%x5} {%x6} {%x7} {%x8} {%x9 }  {%x21} {%x22} {%x23} {%x24} {%x25} {%x26} {%x27} {%x28} {%x29} {%x30} {%x31} {%x32} {%x33} {%x34}


'---------------------GDP vs each variables - AR - Benchmark 1 step ahead-------------------------
for !horizon=0 to 56-!step
    smpl 1980q3 2000q1+!horizon
    equation GDP_AR{!step}s_{!horizon}.ls {%y} c {%y}(-1)
    'GDP_AR{!step}s_{!horizon}.makeresid GDPAR{!step}sres
    smpl 2000q1+!horizon+!step 2014:1
    GDP_AR{!step}s_{!horizon}.forecast(f=na) tmp_GDPAR{!step}sfcst
    series GDPAR{!step}sfcst
    GDPAR{!step}sfcst = tmp_GDPAR{!step}sfcst
next

"RMSE, MAPE, MAE, Theil
smpl @all
scalar AR_rmse = @rmse(GDPAR{!step}sfcst, {%y})
scalar AR_msfe =(@rmse(GDPAR{!step}sfcst, {%y})^2)


'new table for MSFE
table(200,1)  all_bvarg1{!step}_msfe
table(200,1)  all_bvarg1{!step}_rmse
table(200,1)  all_bvarg1{!step}_theil_u
```

```
'--------------------GDP vs each variables - BVAR 1 step ahead----------------------
smpl @all

'counter of loop:
!rowcounter=78+!step+1
'define last value of the sample and new vector to store 135 observations
series(135) y_hat_assets_step{!step}

for !horizon=0 to 56-{!step}
    smpl 1980q3 2000q1+!horizon
    'var equation / y="gdp"
    var GDP_BVAR_assets_{!step}s_{!horizon}.bvar(L1=0.1,L2=0.5,L3=0.1) 1 4 {%y} stepwise
    'GDP_BVAR_{%x{!variable}}_{!step}s_{!horizon}.makeresidBVAR_{%x{!variable}}_{!step}sres
    GDP_BVAR_assets_{!step}s_{!horizon}.makemodel(modelBVAR_assets_{!step}s)

    'dynamic forecast from 2000 to 2014
    smpl 2000q1+!horizon+!step 2014:1
    modelBVAR_assets_{!step}s.solve(d=d) '=dynamic model

    'insert the forecast into a series
    smpl 2000q1+!horizon+!step  2000q1+!horizon+!step
    series {%y}_0_{!horizon} = {%y}_0

    'freeze the predicted values
    series {%y}_0_{!horizon}
    freeze(tabley_{!step}_assets_{!horizon}) {%y}_0_{!horizon}

    !last = 78+ !horizon+!step+1

    'store the last predicted @ the vector y_hat
    y_hat_assets_step{!step} (!rowcounter)= ({%y}_0_{!horizon}(!last))
    !rowcounter=!rowcounter+1
    d tabley_{!step}_assets_{!horizon} 'delete the frozen table

next
'dm test
smpl 2000q1 2014q1
%Ld = @getnextname("LD")
genr mfse=@sum(((y_hat_assets_step{!step}-{%y})^2))*(1/(56-{!step}+1))
series {%Ld}=gdpar{!step}sfcst^2- y_hat_assets_step{!step}^2
!Ldiffm = @mean({%Ld})
!Ldiffv = @var({%Ld})

!t=56-{!step}
!DMstat = !Ldiffm / @sqrt((1/!T)*!Ldiffv )
!pval = 2*@cnorm(-@abs(!DMstat))

smpl @all
'calculate MSFE, RMSE

freeze(rmse_variable_BVAR) @rmse(y_hat_assets_step{!step}, {%y})
freeze(msfe_variable_BVAR) @rmse(y_hat_assets_step{!step}, {%y})^2

'store the rmse with string name in dependent variable file

all_bvarg1{!step}_rmse(1,1)=@val(rmse_variable_BVAR(4,2))
all_bvarg1{!step}_rmse(1,2)= "stepwise"

all_bvarg1{!step}_msfe(1,1)=@val(msfe_variable_BVAR(4,2))
all_bvarg1{!step}_msfe(1,2)= "stepwise"

all_bvarg1{!step}_theil_u(1,1)=@val(msfe_variable_BVAR(4,2))/(AR_msfe)
all_bvarg1{!step}_theil_u(1,2)= "stepwise"

all_bvarg1{!step}_theil_u(1,3)= !DMstat
all_bvarg1{!step}_theil_u(1,4)= !pval

d rmse_variable_BVAR
d msfe_variable_BVAR

smpl @all
```

```
'-------------------GDP vs each variables - BVAR 1 for large sample step ahead-----------------------
'new table for MSFE
table(200,1)  all_bvarg3{!step}_msfe
table(200,1)  all_bvarg3{!step}_rmse
table(200,1)  all_bvarg3{!step}_theil_u
!rowcounter5=1
'%%%%%%%%%%%%%%%%%%%%%%%%%%%%
'%%%%%%%%%%%   run in Matlab  %%%%%%%%%
'%%%%%%%%%%%%%%%%%%%%%%%%%%%%%%%%%%%%%

smpl @all
xopen(type=m, case=lower)
xput allasset
xrun "y=allasset"

xrun "addpath('C:\Users\lucienrey\Desktop\econ')"
xrun "addpath('C:\Users\lucienrey\Desktop\jplv7\util')"
xrun "addpath('C:\Users\lucienrey\Desktop\jplv7\var_bvar')"

xrun "step=1,[nobs neqs] = size(y); forecast=zeros(57-step-1,1); forecastbvar=zeros(57-step-1,1)"

xrun "for i=0:56-step; dates = cal(1980,3,4); nfor = 1; nlag = 4; tight = 0.1; weight = 0.5; decay = 0.1;
begf = 79+step+i; endf = 80+step+i; fcast1 = varf(y,nlag,nfor,begf); fcastbvar =
bvarf(y,nlag,nfor,begf,tight,weight,decay); forecast(1+i)=fcast1(1); forecastbvar(1+i)=fcastbvar(1); end"

xget forecastbvar
xget forecast
xclose

smpl 2000q2 2014q1

mtos(forecast, varg3)
mtos(forecastbvar, bvarg3)

'dm test
smpl 2000q1 2014q1
%Ld = @getnextname("LD")
genr mfse=@sum(((bvarg3-{%y})^2))*(1/(56-{!step}+1))
series {%Ld}=gdpar{!step}sfcst^2- bvarg3^2
!Ldiffm = @mean({%Ld})
!Ldiffv = @var({%Ld})

!t=56-{!step}
!DMstat = !Ldiffm / @sqrt((1/!T)*!Ldiffv )
!pval = 2*@cnorm(-@abs(!DMstat))

smpl @all
'calculate MSFE, RMSE

freeze(rmse_variable_BVAR)  @rmse(bvarg3, {%y})
freeze(msfe_variable_BVAR) @rmse(bvarg3, {%y})^2

'store the rmse with string name in dependent variable file

all_bvarg3{!step}_rmse(1,1)=@val(rmse_variable_BVAR(4,2))
all_bvarg3{!step}_rmse(1,2)="allasset"

all_bvarg3{!step}_msfe(1,1)=@val(msfe_variable_BVAR(4,2))
all_bvarg3{!step}_msfe(1,2)= "allasset"

all_bvarg3{!step}_theil_u(1,1)=@val(msfe_variable_BVAR(4,2))/(AR_msfe)
all_bvarg3{!step}_theil_u(1,2)="allasset"

all_bvarg3{!step}_theil_u(1,3)= !DMstat
all_bvarg3{!step}_theil_u(1,4)= !pval

d rmse_variable_BVAR
d msfe_variable_BVAR
```

Printed by Books on Demand GmbH, Norderstedt / Germany